人文科普 －探 询 思 想 的 边 界－

DIE GLÜCKLICHEN

Warum Frauen die Mitte des Lebens so großartig finden

Susanne Beyer

幸运的人

为什么女性如此享受中年？

[德] 苏珊·拜尔 著

全 栎 译　　张敏彤 审校

中国社会科学出版社

图字：01-2022-3569 号

图书在版编目（CIP）数据

幸运的人：为什么女性如此享受中年？ ／（德）苏珊·拜尔著；
全栎译 . —北京：中国社会科学出版社，2023.10
（鼓楼新悦）
ISBN 978-7-5227-2497-3

I.①幸… Ⅱ.①苏… ②全… Ⅲ.①妇女问题—研究 Ⅳ.①C913.68

中国国家版本馆 CIP 数据核字（2023）第 155205 号

Original title：Die Glücklichen：Warum Frauen die Mitte des Lebens
so großartig finden by Susanne Beyer
© 2021 by Susanne Beyer
© 2021 by Karl Blessing Verlag
a division of Penguin Random House Verlagsgruppe GmbH, München, Germany.
Simplified Chinese translation copyright 2023 by China Social Sciences Press.
All rights reserved.

出 版 人	赵剑英	
项目统筹	侯苗苗	
责任编辑	夏文钊	
特约编辑	董 婧	
责任校对	王 龙	
责任印制	王 超	

出 版	中国社会科学出版社	
社 址	北京鼓楼西大街甲 158 号	
邮 编	100720	
网 址	http：//www.csspw.cn	
发 行 部	010-84083685	
门 市 部	010-84029450	
经 销	新华书店及其他书店	

印刷装订	北京君升印刷有限公司
版 次	2023 年 10 月第 1 版
印 次	2023 年 10 月第 1 次印刷

开 本	880×1230 1/32
印 张	5.75
字 数	128 千字
定 价	62.00 元

献给：

我的母亲和她最好的朋友

我的姐姐

我的女儿

我的朋友

快乐是一种抵抗形式。

——艾丽西亚·基斯（Alicia Keys）

目　录

第一部分

昨　日

同学聚会的照片

我父母家的客厅里有一张照片。几天前，这里的地板被拆除了，所有的家具都必须先移走再搬进来，所以冒出了一些我没见过的东西。

这张褪色的彩色照片上有一群看起来较年长的女人。她们大多数留着干练的短发，有一些人烫了头发，穿着长度到小腿肚的宽松裙子、大衬衫或者马甲。在照片的背面，我发现上面写着："高中同学聚会，1983 年"。我又将照片翻过来，想找到我的母亲，我在最后一排发现了她。我几乎认不出她，因为她这一时期的照片很少，年轻时候的照片很多。

我常常觉得我1941 年出生的母亲还很像少女，到今天我仍然这么觉得。但在这张照片中，被同龄人包围的她，给我一种陌生的感觉。事实上那时的她相对而言还比较年轻，至少对今天的我来说是这样——那时她和她的同学才四十岁出头，而我找到她同学聚会的这张照片时，我已经快五十岁了。

为什么她们会和当今的同龄女性看起来如此不同？我想，原因可能在我，与我对上一代人的看法有关。父母这个词的由来就表明了这一点："父母"（Eltern）来自西日耳曼语，是"老"（Alt）这个词复数的比较级表达。我的两个"00 后"女儿也会觉得我比我自己本身的感觉要老。

然而与此同时，在这张照片里，她们的脸上都几乎看不出任何年龄的痕迹。相反，她们给我一种感觉，好像这些彼此很少见面的女人都不约而同地决定要遵循某种风格与规则，她们的姿势、眼神、气质，都展现出一种景象：她们生活在一个一成不变的框架里，或者是不被允许变化的框架里？

她们当中有一些人和我母亲一样做过老师，有一些做过医生，还有一些做了家庭主妇。她们这一代大多数女性都放弃了预先规划好的道路。很多人都是家里的第一个高中毕业生。我知道她们在 20 世纪 50 年代上学时的故事：她们中的一些人必须要从居住的偏远乡下坐火车长途跋涉到城里才能上高中。我妈妈每天六点起床上学。冬天煤炉的热气早已跑出了房间，薄薄的窗户上结满了窗花。蒸汽火车在七点前出发，女孩们会在车上吸烟，至少有时会这么做。她们这样是为了证明自己正值青春，证明自己独立。她们围在一起玩牌，即使在冬天也穿着高跟鞋，因为平底鞋会让她们想起那段她们想要彻底忘记的战后时期。

既然她们当时做了这么多寻求突破的事情，那为什么后来到四十岁出头——至少从这张照片看——她们却似乎不再抱有任何期待，就好像她们故意调快了时间，让自己比真实的年龄更大呢？我愣住了，想了想，又仔细看了看照片，的确存在变化，是发生了什么事情吗？具体是什么事情，当时的我还并不明白，但我觉得，我这一代的中年女性有着不同于母亲这一代女性的自我认知——更确切地来说，是被允许拥有不同的自我认知。

又一个同学聚会

在我找到这张照片的两周后，我参加了自己的同学聚会。此时距离我毕业已经三十年了。当我走进聚会的房间时，我仍然想起了我母亲的照片。我的女同学们看起来和照片中的女人不同，于是，这又证实了我之前看母亲的班级合照所产生的感受。我在她们身上找不出统一的风格——这就是她们看起来更年轻的原因吗？我心想，这样的分类是合适的吗？年轻还是年老？从她们的举止和外表来看，我可能只能得出模糊的印象。还是说只是我自己想要这么认为？出于虚荣心？因为我想要说服自己，我们是逃过岁月摧残的一代人？这种想法让我很不适，以至于我没有表达出来。

其他人提出了我也关心的一个问题：如今五十岁左右的女性是不是不再符合我们脑海里还保有的一种形象？奇怪的是，我们对自我的看法并不符合这一特定形象，然而我们却开始期望其他人要符合这一形象。这意味着来自外部的形象，或者是我们所说的传统形象，由社会所创建出的形象，比起我们自己的经历更能影响我们对他人的看法。

聚会开始时，一位以前的女同学发表了演讲，她说道："让我们此刻在这里回忆我们学生时代曾拥有过的轻松吧。"我试图回忆，但没有成功。

青春不一定意味着轻松，青春是一段充满期待的时期，有自身的期待，也有来自他人的期待。一个国家的繁荣，尤其是和平使人们的生活更轻松，也因此给每个个体带来了更多机会，但这种幸福也有不利的一面：随着机会增多，期望也会增多。特别是在迈向另一个人生阶段的过渡时期，在走向成年的节点，会出现这样的问题：我是谁？如何找到适合我的生活？

在那天晚上的漫长聊天中，我对失去轻松或是失去青春并不感到遗憾。当然，对话中也不乏对中年压力惯常的打趣，但是这样的玩笑只停留在表面上，与更进一步的对话所表达的内容形成了鲜明的对比：平静和惊喜，惊喜的是生命的这一阶段带来的更多是丰富而不是失去；人生主要的决定做出了，这些决定并不总是快乐的，就像这个年纪的人所认识到的，每个快乐的决定也都有要付出的代价。任何对自己和他人都诚实的人都不会声称自己拥有一切。来自小城市的女同学们谈论了住在小城市的好处，路途短，邻里关系好，但也承认了她们有时会想去大城市的事实。所有找到了长期恋爱关系的幸福的人当然也必须学会接受伴侣那些与自己的期望或需求不符的特点。有些人可能希望再次坠入爱河，哪怕只是片刻，她们想要的那种感觉会伴着陌生一起出现，并通过信任而消失。另一方面，那些从艰难婚姻中走出来的人期待着一个新的开始，但同时也感到与其相关的恐惧。

变老的经历是矛盾心理和接受矛盾心理的经历。这至少让我们感受到当晚的平静。

母亲和朋友

除夕夜，我租了一个朋友的公寓。她结婚多年后突然离异，便搬到了另一个城市。我想感受一下她在这里的生活，加上我之前也总喜欢待在她的公寓里，那里对我而言是第二个家，也是我找寻其他女性如何掌控自己生活的答案。一个人所选择的地方往往会体现他的一些信息。地方塑造人，反过来也被人们塑造。人们自己创造的地方尤其展现了很多关于他们的信息。

朋友的这个公寓里积攒了几十年来的东西：她高中毕业后在家具店工作时买的沙发躺椅；摆在房间中心的长桌，我们两家人在一起吃了那么多顿的晚餐，那时，我们的孩子还小；靠着庭院窗户的那张桌子来自她20世纪60年代的父母。台灯周围放置着无框的照片：一张黑白照片里，可以看到她小时候穿着工装背带裤的样子，旁边是她漂亮的母亲。这张照片一定是在罗马照的，那里是我朋友长大的地方。这张黑白照片旁边是一张彩色照片，是她已故父亲和母亲的特写。这两张照片之间肯定隔了50年之久，但她的母亲很容易就能被认出来：她的头发由棕色变成了白色，显然可以看出她在一张照片里是年轻女子，而在另一张是年老之人，但除此之外，两张照片里的她本身仍然很相像。

即便生活可能会动摇我们，我们也总是要开始尝试一些新事物，无论我们是否想要，我们在不可避免地变老，我们的生活方式世世代代都有所不同。例如，我朋友的母亲从未工作过，我们的一切也都会受到以前的影响。我的朋友是一名职业女性，但在许多方面，她受到意大利母亲生活的影响。她结合了自身的独立性和传统女性的坚毅性：随着时尚潮流，她的发型发生了变化，裙子的长度也发生变化，但她优雅且有女人味的风格让人们看不出她年纪的变化，可以说是冻龄。在我的印象中，她站在炉边，穿着连衣裙或半身裙，嘴唇和指甲都涂着经典的红色。她可以同时做到这两点：一边做饭一边加入她周围的谈话。她的母亲让她成为现在的自己，但她自己做的决定也同时塑造了她。在这样的矛盾下，发生了我们所有人都经历过的过程：同一性和区分性。

与丈夫的突然离婚对她造成了伤害，但无论如何也并没有动摇她欣赏和享受生活的意愿。在这里，我在同学聚会的感受得到了印证：人到中年，并非事事如意，但通过改变我们对现状所采取的态度，生活中的许多事情都可以变得更好。而且即使在中年，生活也仍然是一个持续往前的过程——与早期不同，人们对到达终点的普遍期望不再是衡量标准。

公寓是新的，但它展现了生活的延续性。只要生活还在持续，中途也许会有路标，但不会有尽头。追求到达终点的想法可能让人安心，但那是一种错觉。而我们如何消化这种认识，我们对此的感受究竟是可怕的还是快乐的，都取决于我们自己的态度。如果我们将生活视为一个连续体，将其视为变化中的永恒延续，那么，来自我们的青少年、我们的童年、我们的环境以及来自我们的前辈和与我们一起生活的人的一些事情也会继续存在。我们相遇，我们在对方身上反观自我，有时从他或她那里接受一些东西——一种品质，一种偏好，一种姿态。

来自其他女性的影响会代代相传，但也会影响同一代的人：我的姐妹和我的女性朋友们一直是我的榜样，尽管她们都很不一样——有的有孩子，有的没有孩子；有的是异性恋，也有的是同性恋；有已婚的，有单身的；有住在小城市的，也有住在大城市的。是的，我们需要这些榜样，也是因为透过她们，我们可以发觉自己身上之前从未真正感知到的那些面。我们继承父母的感知模式和行为模式，我们接纳朋友的建议：我无数次地和我的这位朋友讨论装修问题，我会仔细考量，她为她的那五套公寓选了什么东西。我和她的风格不同，她喜欢现代化的简约风，而我喜欢不同时代的混搭风。但我们对设计有着同样的热爱。而恰恰当我们分享彼此的热爱时，我们总能从对方身上获得灵感。我之前一直喜欢彩色墙壁，她告诉我，装上粉红色版画，即使是黑色或灰色，都会特别好看。

女性先驱者

新年前夕，我还在我这个朋友的公寓里看了一些电影。我想看看，在女主角明显是由年纪较大的女性担任的情况下，当代好莱坞电影是如何讲述爱与被爱的故事的。

在网飞（Netflix）平台的"浪漫喜剧"类别中，我们可以看到，一些好莱坞女明星的年龄并没有成为她们职业发展的阻碍。出生于1949年的梅丽尔·斯特里普（Meryl Streep），在20世

70 年代末凭借电视连续剧《大屠杀》（Holocaust）取得了突破性的成绩。出生于 1937 年的简·方达（Jane Fonda），在 1972 年获得了她的第一个奥斯卡奖。出生于 1946 年的黛安·基顿（Diane Keaton），从 1972 年在黑手党史诗片《教父》（The Godfather）中扮演主角时起，就在国际上享有盛名。她最近电影里展现出来的爱情故事与她早期的电影一样复杂又激动人心。电影所传达的信息是，爱情，无论起起落落，都与年龄无关。

在好莱坞，最重要的是被完美讲述的故事和钱。一部好莱坞电影的平均成本超过了 1 亿美元，全球票房必须达到 2.4 亿美元才能盈利。如果这些女演员以及晚年的爱情故事没有市场，影视公司就不会制作这些电影。可能有一部分观众与斯特里普或方达年龄相仿，但如果年轻人对寻找人生榜样不感兴趣，那么电影就会失去必要的主流群体。他们带着担忧又充满希望、渴望和好奇的眼光看着前几代人，不会让潜在的榜样从公众视线中消失。

我这一代的女性有将上面提到的女演员作为榜样的，但也有将早期的女性主义者作为榜样的：西蒙娜·德·波伏娃（Simone de Beauvoir）、弗吉尼亚·伍尔芙（Virginia Woolf）、爱丽丝·施瓦泽（Alice Schwarzer）。这一群体没有多少人，但那些确实存在的女性主义者应该得到认可。当然，随着其他一切的发展，女性主义也在发展，我们今天看待一些事物的眼光也与以往不同，但目标本身并没有改变。如果说我们今天能感受到幸福，那要感谢前几代的女性，是她们开拓了道路。如果没有这些激进的女性主义者，我们今天也不会经历所谓的第四次女性主义浪潮。

如果幸运的话，我们也会在我们工作中遇到的年长的人群中找到这样的榜样。我于 1989 年开始在当地一家报社工作，1994 年完成学业后，我在一所新闻学院接受培训，从那时起，我便一直担任全职记者。与大多数其他行业一样，当时的媒体行业，几乎没有任何女性担任管理职务。连女主编都几乎没有，而其中有勇气生孩子的更是寥寥无几。因为人们认为记者这样不安定的工作性质与生孩子这件事是相冲突的。如果你不走运——我就是，但大部分时候我很幸运——与你共事的少数女性也不是很友好。一位一直对我很好的同事在我三十岁生日时站在我家门口祝贺我，并说道："在我们这个行业中，女性就没有正当好的年龄，要么太年轻，要么太老。"

十八年后我再次拜访这位同事时，她说，她那一代的女性应该更多地团结起来。她非常遗憾，她们没能做到这一点。但这是有原因的。为了能够工作，她们要依靠男性的优待，而那些男性往往比她们更强大，并视其为竞争对手。写新闻是一场版面的竞争——多少页，多少行，以及好的主题。哪些话题是好的，应该给它们多少版面，都是由男人决定的。

此后，情况有了很大改善，但宪法规定的平等原则还没有真正得到实现。尽管如此，现在各个层级都有女性代表，总的来说，我们的女性群体更庞大了。如果年轻人想找寻自己的出路，她们有选择的空间。

在年长 15 岁、20 岁、30 岁的女性先驱者中，有一个我的榜样，她叫苏珊·梅尔（Susanne Mayer），出生于 1952 年。她在德国《时代周报》（*Die Zeit*）上写过关于政治、女性主义和时尚，以及非虚构文学和小说的文章。周四一早，当稿件到达编辑部时，我就会找寻她的文章。当我在 2009 年被问及是否想加入慕尼黑的评委会时，我也表示同意，因为我知道苏珊·梅尔也会在那里。我们彼此并不认识，但在开完第一次评审会议后，我们一起去了玛丽安广场喝咖啡：苏珊·梅尔和苏珊·拜尔（Susanne Beyer，即作者本人），就像我们从那时起还会更频繁地相聚，偶尔相隔几年见一次一样。不知道从什么时候开始，我们从喝咖啡转为喝鸡尾酒：那是苏珊的主意。

　　苏珊对衰老这个话题做了很多研究，并在《时代周报》上写了一个每周专栏。这就是我现在想见见她的原因，我想和她谈谈我对中年女性的观察和思考。我们约在柏林一家她最喜欢的咖啡馆见面，那里恰好也是我喜欢的咖啡馆。她进来的时候，手里拿着智能手机，想给我看一家眼镜店的橱窗照片。照片中间是一张海报，上面是 1942 年出生的艺术家乌尔里克·奥廷格（Ulrike Ottinger）为时尚眼镜以及她的下一个展览所做的广告。奥廷格留着灰色卷发，穿着裤装，戴着墨镜。"过去绝不会有这样的广告"，苏珊说道，"一个七十多岁的女人做模特"。

　　与苏珊一起进来的还有她的狗，这让我立刻想起她对 1954 年出生的记者芭莎·米卡（Bascha Mika）所著的《勇气考验》一书的评论："米卡写道，女性会因为其年龄而不再受到关注，她们变得'隐形'。"苏珊立即在她的文字中提出了一个解决方案："一条狗有助于避免在斑马线上因'隐形'带来的危险，因为在德国没有人会自愿碾过一只狗。"

她自己的书《优雅老去的艺术》里收集了她在《时代周报》上相关主题的专栏文章。在书中，苏珊讲述了女性如何被他人的目光所影响，以至于女性在他人眼中比自身感知到的年龄还要老。她写这本书有一个具体的动机，那就是发生在道路交通中的一个场景，一个开着敞篷车的男人叫她"傻逼老女人"，正如她所说，这是她遭遇的第一次"年龄抨击"。"你这个混蛋，你得叫我博士才对！"当时，她的脑海里闪过这句话。

喝咖啡时，苏珊讲道，那个男人当时不可能猜到她的年龄。她戴着大墨镜，头发除了几根细碎的银丝外，仍然是年轻时的颜色。苏珊说，"老女人"简直就是一句骂人的话。"我们生活在一种偏见的阴影下，影响力极强——对我也是如此。"

我们俩开始思考这意味着什么。当然，也有女性对同性十分挑剔，我们可以称其为贬低体系。我们问自己，这是否也可能与以下事实有关：我们脑海中所保有的形象和认同，与我们自己已经完全不对应了，正如我在同学聚会上注意到的那样。我们聊到希拉里·克林顿，这位在2016年美国大选中失败的总统候选人。大多数白人妇女在2016年没有将票投给希拉里·克林顿，而是投给了她的对手唐纳德·特朗普，后者在竞选期间对女性发表了贬低和性别歧视的言论。当然她们政治上存在反对克林顿的原因，但如果我们想想苏珊在道路交通中的遭遇，另一个动机肯定也起了作用：对不再年轻的女性的偏见——连女性本身都接受的偏见，因为她们和男性一样，被同样的言论、认同和形象所影响。

　　女人通常比男人更适合作为被投射的对象，所谓的"老女人"更是如此，因为与所谓的老男人相反，人们能联想到的不是智慧，而是虚弱——因此多余。而另一方面，由于传统的形象和角色，男人被视为权威，人们必须尊重其局限性。

　　苏珊最近退休了，从汉堡搬到了柏林。她有很多计划，她将继续写作，"每天两小时"，最重要的是写书，也许她会加入其中一个政党工作。她认为我们所处的时代是混乱的，民主是危险的，政治上有必要采取一些行动。最重要的是，她现在感觉更自由了，因为她已经退休了，工作是一个选择，但不再是一个义务。在我们的谈话中可以看出，她仍然处于人生的中心，并积极参与其中，她不认为退休是自我实现的终点，而是人生的一个新阶段，是一个新的机会。到目前为止，在这方面几乎没人能做到。然而，苏珊·梅尔就是一个榜样——又是她。

　　当她离开咖啡馆时，帽子下的耳环晃动着，她用绳子牵着狗，看起来很有魅力，同时，一个词出现在我脑海中——冻龄。她散发着一种"庄重大方"的气质，这个词很少用于年轻女性。这可能与生活经历有关，与智慧有关，与尊严有关，与这样一种姿态有关：我感觉很好，我对自己很满意。

的确发生了一些变化

　　在那之后，我开始为我的五十岁生日做准备。我很期待这次庆祝活动。多年来，我的生活被工作充斥，于是，我想休息一下，做一件很久没有做过的事：好好庆祝。对此，我没有准备什么老一套的流程，所以庆祝活动不会是一个大聚会，但无论如何，我想对那些一路上与我关系密切的人说声谢谢。我满怀期待地寻找地点，设计邀请卡，订购鲜花进行装饰，在所有的准备工作中，我不断听到年轻人的询问："50 了？你没有心情不好吗？"

对，没有心情不好。恰恰相反，只有喜悦、希望，嗯，还有一点骄傲：我这些年过得并不轻松，但我已经渡过了难关，同时我也并不觉得我在这个过程中失去了自我。我想起了一首歌，就像我们老是会想起一些不管我们是否喜欢的歌：埃尔顿·约翰（Elton John）——"I'm still standing, yeah, yeah, yeah."（"我仍然屹立，是的，是的，是的。"）

我研究中年女性的话题越多，我就越经常遇到能证实我生活感受的资料，例如《时代周报》的这篇文章。33 岁的作家纳达·施吕特（Nadja Schlüter）说她"恋爱了"，她爱上了吉莲·安德森（Gillian Anderson）。吉莲·安德森在网飞系列喜剧《性教育》（*Sex Education*）中扮演珍·米尔本（Jean Milburn），一位单身母亲和性治疗师："这是一个非常棒且富有层次的角色，为一位优秀的女性所演绎。如果我是一个表情符号，我在这些时刻应该是心心眼的表情"。"吉莲·安德森已经 51 岁了"，作者写道，她曾害怕"有一天成为一个 50 岁左右的女人"。

我们都知道这些说法：40 岁是新的 20 岁，50 岁是新的 30 岁——这些说法就像拿来暂且安慰你的说辞，基本上没有消除归因，甚至还强化了，因为它们暗示变老是一件可怕的事情。《时代周报》的文章证实了中年女性可以成为年轻人的榜样，就像我所经历过并将继续经历的那样。但与我这一代不同，现在有更多这样的榜样：突然出现了许多"40岁以上坚强的、常常令人钦佩的女性"，《时代周报》文章作者写道。"在电影院和电视上，在讲台上，在重要岗位上，在政界中。我认为这样很好。"她列举了流行文化和她所处环境中的例子，欢呼道："哇——她们真了不起"，并说："这就是我想要的样子！如此自信和冷静，如此自如。"

因此，50岁不是新的30岁，50岁是新的50岁，因为对这个年龄的理解也包括体验，已经改变了。有大量研究、论文、文章、书籍和散文提到了这一发展。如今，有些事情变成了可能，瑞士心理学家帕斯夸利纳·派利哥-凯艾罗（Pasqualina Perrig-Chiello），《中年》一书的作者，称之为"个人幸福的首要地位"。也就是说，在道德上，人们不再受到太多的支配，他们几乎不需要考虑太多，可以随心所欲地塑造自己想要的生活：找一份新的工作，换不同的职业，或者在分手后重新恋爱。当今时代，已经步入中年的人拥有着前几代中年人从未拥有的自由。

这些自由意味着我们不再需要像我们母亲那一代人那样，努力到达某个地方。这使得我们可以不断前进——而这在过去是只有年轻人才能享有的特权。美国文化哲学家罗伯特·波格·哈里森（Robert Pogue Harrison）在他的《我们为何膜拜青春》一书中认为，在今天，我们不可能仅通过出生日期就把一个人划分到某个人生阶段，传统的那套划分年轻和年老的标准也已经过时了。

　　医学已经取得了巨大的进步，艰苦的体力劳动在西方世界已经非常罕见，越来越多的人恰恰在中年阶段感觉自己十分健康。只可惜，不是每个人都是如此，不过这已经是对于目前人类历史上最多的人口而言。例如，在德国，平均预期寿命在130年内增加了一倍多。因此，既然我们仍可以期待中年后有较长的一段健康状况良好的时期，那么我们可以试着有意识地塑造它，进一步发展自我，改善自我，甚至开始尝试新的东西。就这点而言，小品文作家克劳狄斯·塞德尔（Claudius Seidl）曾在他的《美妙的年轻世界》一书中主张要利用当今西方世界40岁、50岁和60岁的人所提供的"巨大的青春资源"。塞德尔甚至认为这是一种"经济需要"。

　　这不仅是一种经济需要，也是一种社会需要，我有这样一种感受：当我们看到今天的许多问题时，很快就会明白，如果能有尽可能多的人意识到需要面对这些问题，那就更好了——越多越好。护理短缺、气候变化、战争等，这些问题需要有人有面对挑战的信心，而且是一种积极意义层面的自信。自信是自恋的对立面。树立自我意识的过程可能会让人受伤，因为没有人能够达到自己的理想状态。但只有能够做到这一点的人，才是强大的：也就是能够认识到真实的自我。

　　与年轻时不同，中年时的我们通常知道自己想要什么。我们能更清楚地认识我们的能力范围。我们开始比以前更关注对我们有益的事情，而且越来越容易将其付诸实践。有些问题得到了答案，也许它们的答案并不令人满意，也许伴有痛苦，但只要意识到这就是本质上的一些东西，就会是一种解放。所以，我们在中年有太多值得骄傲的地方，至少这一点值得：经历一切仍屹立不倒。

的确有些东西发生了变化：社会学和医学的这些发现、《时代周报》的那篇文章、我父母家客厅里的照片、我的同学聚会、女性朋友、遭遇、谈话，以及最后我自己对变老的感受——所有的这些都表明：新一代女性已到中年。在今天，这一代人比年轻时的她们更能感受到快乐、幸福和平静，有更高的自我效能感，可以充满信心地展望未来。

这就是这本书的想法的由来。我很好奇我的这种印象是否会被证实，于是制作了一份刚到中年、已过中年或正处于中年的女性名单。其中包括知名的和不知名的女性，以及我好奇的那些女性，因为我认为她们体现了这种变化。

我展现了她们的生活环境和她们的成长经历，并与她们每个人谈论一个影响（女性）生活的特定话题。目的是展现她们在中年时是如何面对这一话题的。

这些人当中有非常成功的女性，但也有失败之后学会面对失败的女性。对知名度高的女性来说，可能所有的事情都会被放大，但她们所经历的冲突通常与那些不在公众视野中的女性没有什么不同。而且因为事情更大，就更明显，更能清楚地被感知到。

但是，你不一定要过着不平凡的生活才能成为一个榜样。重要的是态度，而不是所谓的成功。我问了她们所有人，她们的生活、她们的日常是什么样子的，她们的感觉如何，以及与以前相比的感受，或者用学术一点的表达来说，她们为自己找到了什么样的女性形象蓝图。

通过这种方式，本书将创造新的视角，并从女性的角度对中年进行积极的叙述。关于这一点，美国神经科学家丹尼尔·莱维廷（Daniel Levitin）也在他的《成功老龄化》一书中说道："我们自己创造的社会形象也取决于我们如何想要讲述我们自己的故事。"

R&B 歌手艾丽西亚·凯斯在 2020 年秋季美国总统大选前的一次活动中说："快乐是一种抵抗的形式。"没错，这也关系到我们如何看待自己以及我们如何被看待。青春岁月逝去，如果我们一直哀叹我们女性所失去的种种，我们就证实了父权制影响下他人对我们的看法，并随之证实了年轻女性比年长女性更有价值的固有看法。但是，如果我们转变视角，看看我们拥有的是什么，如果我们能找到关于我们自己的新定位，我们就能把自己从那些意在贬低我们的说法中解放出来。

享受生活的女性是强大的，是有吸引力的，她们质疑那些基本上限制了每个人的权力关系，甚至包括那些所谓的受益者：永远浑身是劲的男人的形象和受到岁月摧残衰老的女人的形象一样具有压倒性。幸福是一种礼物，是的，但幸福也可以成为一种决心，至少当前提条件差不多相符时是如此。让我们为我们被馈赠的生活感到幸福，为我们周围的其他人感到幸福，为我们自己感到幸福。

第二部分

今　日

思想

大学教授亨里克·莱内曼：精神成长

在大学任职是辛苦的：获得教授职位之前合同都是短期的，之后是否会续签以及如何续签具有不确定性，还存在对生活没有保障的恐惧和精神上的高要求。但亨里克·莱内曼（Henrike Lähnemann）却能成功应对这一切。因为她的研究领域——中世纪的语言和文学，充满着奥秘，她总是喜欢坐在古老的手稿前，沉浸在中世纪的世界里，用手抚摸那些被墨水浸泡了几个世纪的不规则结构的书页。一切细节可能都代表了一些含义，每一个被划掉的字、每一个墨迹都可能包含来自过去的信息。

学术研究需要专注和隐居，即使是中世纪的尼姑和僧侣也曾利用修道院的僻静在那里进行研究，也是为了保持精神和灵魂的平衡。生于 1968 年的亨里克·莱内曼总是能够享受隐居的乐趣，不论过去和现在，她都是一个读书人，一个知识分子，一个档案工作者，但她也知道，在这种孤独的环境中，她缺少了一些对她自己和她的研究都十分重要的东西：与研究同事的联系。因为通过别人的智慧以及与别人的交流，自己的精神也在成长。大学以外的友谊对每个科学家都很重要，不管怎样也是为了了解当下的问题是什么，因为他们可以帮助你改变对昨天的看法，形成新的理解。

但在班贝格，也就是亨里克·莱内曼曾经学习的地方，当其他人去河边或啤酒花园野餐时，她从来不一起去。她去苏格兰待了一年，接着去柏林学习，但也没有真正地融入那里：那是德国统一初期，柏林一片混乱，德国研究院在一栋被石棉污染的大楼里，必须进行改造。于是，她很快就回到了班贝格，并从那来到了图宾根。无论她当时住在哪个城市——总是有很多事情要做，而她也总是感到有些孤独。

如今，亨里克·莱内曼在牛津生活和工作。她是中世纪和现代语言学院第一位获得法定教席（statutory chairs）之一的女性。那是在 2015 年 1 月。法定教授是牛津用来指定教席持有人的头衔，高于个人教席（personal chair），之前已经有女性被任命为个人教席。

她大步走过鹅卵石路面和弯曲的楼梯，向周围的人打招呼，与街头杂志的商贩讨论新闻情况，与一位美国同事讨论大学合唱团的节目——亨里克·莱内曼在团里担任女高音——与她在公交站偶然遇到的牧师讨论，她们想不久后一起从公交站对面的塔上攀索而下，为慈善事业筹集资金。

亨里克·莱内曼今天的生活看起来与她学生时代和三十多岁时大不相同，她现在的生活被各种想法和项目充斥着，也充满了

活力，与以前最大的不同点是与人相处：朋友、熟人、同事。在
她大学的门口，一个新古典主义风格的拱门下，她正与一位图书
管理员交谈，这位图书管理员穿着西装裤和马甲，外加一件休闲
白衬衫，透过他的圆眼镜好奇地望着她。他看起来像是在去哈
利·波特电影片场的路上，但其实他只是要去举办图书馆科学讨
论会。亨里克·莱内曼和他一起低着头翻阅一本有着几百年历史
的厚皮书。在两人翻开的页面里，有一些图画和一整串的数字。
跟所有现代早期的书籍一样，这本书是孤本，具有不可估量的价
值——图书管理员把它夹在腋下，就像夹着今天的报纸一样。

午餐时，亨里克·莱内曼去了她所在的圣埃德蒙学院
(St. Edmund Hall)。学院的所有高级成员都坐在这里的长桌旁，
大厅里都是人们叽叽喳喳的谈话声。他们是学院的学术专家和行
政部门的领导。亨里克·莱内曼与一位华裔美国物理学家、一位
格鲁吉亚教育学家坐在同一张桌子上。教授们终生都可以在这里
享用一日三餐。在校门口，有门卫负责邮件收发，接听电话，而
且他们总是掌握着大家的去向。这一切都是为了让研究人员能够
专注于他们的精神成长。

在去牛津之前，亨里克·莱内曼曾考虑申请成为新教女修道
院的院长。"但我在牛津找到了我的修道院"，现在她说道。她在
这里可以得到终生的吃住供应和精神上的灵感，但修道院生活的
宁静在这里几乎感受不到。"孤独感，是的，它已经消失了"，亨
里克·莱内曼说，"自从我搬到英国后"。

改变视角最能丰富人们的思想，至少这就是作家希莉·哈斯

特维特（Siri Hustvedt）所坚信的，她在本书中探讨了"自主"这一话题，还研究了神经科学和大脑的功能。因为我们所了解的一切都会影响我们的思维方式，哈斯特维特说。而我们了解得越多，我们的思维反应就越灵活。

亨里克·莱内曼在很多地方生活过，38 岁时她从图宾根去了纽卡斯尔（Newcastle），在那里，她获得了第一个教授职位。她的母亲早在两年前就去世了，因此她觉得自己往前挪了一代，这也是一种视角的转变。现在，她在英国穿梭于两种语言之间，常常需要用到外语教学，这也要求她不断地转换视角。如今，她表示，因为她在英语上更强的信心，她的德语表达也更丰富了。

作为教席持有人，她不得不担起一定责任，正如她所说，她需要去创建人际网络来维持她的院系运作。她发现她也具备一定的组织能力和鼓舞人心的能力。她成了年轻学者的导师和"德国妇女研究"组织的主席。

在图宾根，她感兴趣的研究领域——手稿、书籍史、宗教文学、中世纪的多语种——"总是游走在研究主流的边缘，而这些主流主要针对的是宏大的理论设想和质询答辩"。只有在英国的大学里，她才感到自由，并且能够以适合她的方式完成她的作品。"这确实激发了创造力，并让她萌生了对研究和教学的新兴趣。"在牛津，她 46 岁就获得了她所处的学科中最重要的教席之一，即德国中世纪研究："我注意到我开始以一种完全不同的镇静的状态面对新任务，因为我知道我能够积极地影响我的周遭环境和新情况。"亨里克·莱内曼在中年变化了，成长了。这不仅改变了她思考和看待其学科的方式，而且完全改变了她的生活方式，以及与他人相处的方式。

她买了一栋房子，这里以前是仓库，阁楼上还可以看到旧横梁。一楼是她的音乐室，里面有一架大型三角钢琴。她在这遇到了同样喜欢做音乐的人。创作音乐时，她加入了自己对寺院文化的了解，她还会讲述她在古老的文本中找到"欢庆舞曲"的快乐经过。她也会演奏中世纪的乐器，在疫情期间，她在屋顶露台上吹着铜管乐器，伴着牛津民众的掌声，以表示对国家卫生系统的医护人员的支持。

读乐谱需要抽象思维，但在创作音乐时，思想和感官会相互作用——同时，我们知道思想与感觉密不可分，思想和身体也密切合作。希莉·哈斯特维特说："大脑、神经系统、内分泌系统、免疫系统相互影响，对内部和外部刺激高度敏感。"

亨里克·莱内曼到中年所取得的发展也证实了大脑研究的假设，即由于知识、经验和技能的增加，影响创造力的大脑连接也变得更容易。于是，大脑获得了很多灵感空间。然而，经研究发现，纯粹的知识量并不能使人更聪明。过多的知识甚至可能会起阻碍作用，因为世界为每一个主题都提供了各种各样的感官刺激和联想。神经生物学教授、《年轻大脑》一书的作者马丁·科特（Martin Korte）强调，解决问题的关键就是忽略不重要的东西。经验丰富的大脑比经验不足的大脑能更准确地知道需要积极搜寻哪些信息。因此，发现关联和整理信息的能力会增强，就像创造力一样。亨里克·莱内曼可以实实在在地描述为了找寻相关信息，她现在阅读旧手稿的速度有多么快。

将人生分为三个阶段的旧观念早已过时：在过去，人们认为人生包括学习阶段的青少年时期，应用所学知识阶段的中年时期以及休息阶段的老年时期。但是，现在的研究证明了大脑具有可塑性，因此各个阶段之间的界限变得模糊。

到 20 多岁的时候，尽管大脑的基本功能已经完全形成，但神经细胞仍在新生，突触消失，或重新连接。然而，大脑灰质从中年开始缩小。因此，年轻人的大脑更容易收集信息，不过年纪大一点的大脑会发展出一种所谓的"结晶智力"：在中年，人们常常需要找到针对复杂情况的解决方案，通过这种方式，他们在大脑中开辟出了稳定的解决途径。哲学和历史领域的学者，其工作能力在大约 60 岁时达到顶峰。

在学术界中，男性依然占主导地位，但当今 50 岁左右的人是20 世纪 60 年代末和 70 年代已经经历了教育改革的儿童，那次改革让来自所谓教育弱势背景的男孩和女孩们更容易进入高级中学和大学。在英国，这些传统有所不同，在这里，女性也能晋升到高级学术职位。英国的凯特里奥娜·塞思（Catriona Seth）与亨里克·莱内曼在同一年获得了"罗马语言文学"的教席。还是同年，也就是该大学成立 785 年后，第一位女大学校长被任命：路易丝·理查森（Louise Richardson）。此外，亨里克·莱内曼所属的这所学院自2018 年 10 月以来首次由女性生物学家凯西·威利斯（Kathy Willis）管理。在牛津大学学习的众多名人中也有一些女性：作家多萝西·L. 赛尔斯（Dorothy L. Sayers）、安东尼娅·苏珊·拜厄特（Antonia

Susan Byatt）和维拉·布里坦（Vera Brittain）、哲学家艾里斯·默多克（Iris Murdoch）、政治家昂山素季（Aung San Suu Kyi）、贝娜齐尔·布托（Benazir Bhutto）、英迪拉·甘地（Indira Ghandi）和玛格丽特·撒切尔（Margaret Thatcher），以及女演员凯特·贝金赛尔（Kate Beckinsale）。

在牛津大学主图书馆博德莱安图书馆的旧印刷室里，带有五颜六色图案的新印张被衣夹系在绳子上，这些印张是在这个房间里分散放置的机械印刷机上制作的。印刷机需要手动操作，亨里克·莱内曼希望通过实践练习让一群女学生（只有一名男学生）了解印刷术的起源，以直观地说明这一场至今仍有影响的革命的开端。

这名男学生和一个女同学在聊天。他刚刚完成了一个从女人到男人的性别转变。他说他确信自己做的是对的。当他坚持这种态度时，他的精神状态也会受影响：像这样确信自己没错的感觉很自由，并且能释放出精神资源。比如亨里克·莱内曼，她在牛津找到了一个她觉得对的地方。她可以保持她本来的样子，以自己感觉舒服的方式进行思考和研究。

对于全人类来说，从中世纪这所大学在此处建立一直到今天，是一条漫长的道路。有些事情是一个往复。亨里克·莱内曼在她的研讨会上指出，中世纪和现代早期的修女都是人际关系好的商人、顾问、艺术家，她们做音乐，但她们也知道如何利用寂静、隐居和孤独。但女性能成为教授，其间却耗费了几个世纪的时间。现在，如果她们自我认知不是女性的话，她们甚至不必再继续做女人。

身体

奥运选手比尔吉特·费舍尔：运动的乐趣

勃兰登堡的一个夏日，广阔，孤寂，绿意盎然。道路两旁的水面闪闪发亮，房屋排列在街道两侧。湖泊一个紧接着一个，河流变成了河道。这是一个划桨的绝佳之地，因此也成了比尔吉特·费舍尔（Birgit Fischer）的理想之地。

她在皮划艇比赛中获得了八枚金牌和四枚银牌，是有史以来最成功的德国奥运女选手，也是世界第二的奥运女选手。她参加了六届奥运会，并于 1980 年在莫斯科获得了第一枚奥运金牌，当时她 18 岁；她获得最后一块奥运金牌是在 2004 年的雅典，当时她 42 岁。比尔吉特·费舍尔推翻了竞技体育只适合年轻人的说法。她曾 27 次获得世界冠军，8 次获得奥运会冠军，2 次获得欧洲冠军。在如此长的一段时间里，没有其他运动员能像比尔吉特·费舍尔那样在奥运会项目上取得如此大的成功。她已被载入吉尼斯世界纪录。

比尔吉特·费舍尔穿着一件齐膝的岩石灰色的宽松连衣裙，直挺挺地走在她的私人领地上，拉伸着背部肌肉。该地段连着一个缓坡到达贝茨湖，一座小桥横在水面上，岸边的芦苇有几米高。比尔吉特·费舍尔举起一只裹着绷带的手，说道："每年我都用镰刀割芦苇，这次受伤了。在家工作也是运动：整理场地和设备，修剪草坪，修剪树木，修理船只，我整天都在运动。"

比尔吉特·费舍尔也研究过体育学，她知道锻炼有多重要，缺乏运动的人容易生病。今天，西方世界的人均运动量比一百年前减少了三分之二。对于我们最早的祖先来说，能够迅速从敌人那里逃脱获得安全至关重要。对猎人来说，只有能够快速奔跑并对大自然做出反应，狩猎才会成功。今天，人们认识到女人也可以一起去打猎，但 19 世纪历史学家发明的陈词滥调仍然存在，即男人负责打猎，女人负责留在洞穴。直到最近，认真享受运动仍然是男人的首要任务。

皮划艇运动员能否取得成功与他对自然规律的了解程度密切相关。比尔吉特·费舍尔熟悉水，她可以对环境进行评估：水深、水硬度、风和水流的阻力及其对身体的要求。她仔细观察身体与自然之间的相互作用，试图掌握一天中不同时间的身体需求。

历史学有一门学科叫作"身体史"。它提出，身体不仅仅是生物物质，还受到社会价值和规范、文化和历史变迁的影响。睡眠就是一个例子。历史学家汉娜·阿赫海姆（Hannah Ahlheim）在其著作《20 世纪的睡眠之梦》（*The Dream of Sleep In the 20th*

Century）中写道，一天睡八个小时，最好是从晚上十点睡到早上六点，这一想法直到 19 世纪才出现，并作为实现高效率的理想方式和科学观念，受到越来越多人的重视。身体会根据社会需求作出调整。身体的理想化状态在不同的时代、不同的文化中有所不同，除了一些不以时间和文化为转移的思想以外。自己的身体需要什么、能做什么和不能做什么，有时很难与其他人或个人的愿望区分开来。

比尔吉特·费舍尔在夏天通常四点起床。她不需要设置闹钟，便会自然醒。她在通往花园的楼梯上喝咖啡，这时鸟儿开始叽叽喳喳，青蛙发出蛙鸣声；有时狐狸会路过，吃掉从树上掉下来的樱桃；快要日出的时候，她坐上皮艇划入湖中。"我不在，太阳就不会升起。冬天不会，夏天也不会。我想，我一年 365 天看到了 300 天的日出。但我不常看到日落。"她船库的木墙上挂着太阳、月亮和周围鸟儿的照片。

在水面上，她能听到自己的呼吸声，桨浸入湖中的声音，并感受到水的阻力。她感到全身的肌肉在收紧和放松。比尔吉特·费舍尔说："如果你想从事高水平的运动并赢得比赛，你就应该时刻关注周围的一切，就像你应该要观察自己，以便有针对性地锻炼一样。"她将这种方法称为"运动心理法"。

她六岁第一次独自坐船，七岁第一次参加比赛。"我当时大概率是赢了，或者在靠前的位置。我八岁的时候，也排在前面，九岁的时候仍是这样。人们不会问他们自己为什么我可以做得特别好，而只会看到我赢了。在我的记忆里，小时候就没有出现过没站上领奖台的情况。"

她 1962 年出生于民主德国，俱乐部运动是她生活的一部分。她父母的摩托艇在勃兰登堡的水上运动俱乐部，就连祖父母都很喜欢他们的折叠船，他们一家的生活都与水分不开。她从小自己划桨，游泳，在协会宽阔的场地上跑来跑去，爬到树上又跳下来。

十岁时，她想成为一名舞蹈家，并参加柏林弗里德里希皇宫剧院（Friedrichstadt Palast）、民主德国大型歌舞剧院（Revue-Theater）舞蹈团的资格考试。但她的母亲很担心，也不同意。"我划赛艇已经很厉害了，她也不想让我这么早就离开家"，比尔吉特·费舍尔解释道。

于是，几年后，她申请了家附近的体校。教练们说她个子太小了，但看到她跑得很快，有一双大脚，兄弟姐妹们也都很高。"所以他们抱有希望，觉得我还可以长得足够高。有人还说：'如果你们不要她，那你们就错失奖牌了。'但这也符合身材标准。这里的名额都很抢手，人家用不着非得接收小个子的人。"

当时，人们认为皮划艇运动员必须身材高大，而体操运动员必须身材矮小："多年来，人们得出的结论是，如果学生知道如何弥补身体方面的差距，就可以取得必要的成绩，用天赋，用技术，用训练，用战斗精神来弥补。"今天，我们知道身高在皮划艇运动中并不是决定性的因素。真正起决定作用的是谁有潜力，从而有前途。

比尔吉特·费舍尔在谈到民主德国如何促进人才发展时，努力寻找合适的措辞："在民主德国，更多的是……我不称之为培育，而是关注。他们会把更多的注意力放在孩子身上，去寻找有天赋的人，无论是音乐、数学还是体育天赋。人们只是更会观察，谁擅长做什么。"

她所在俱乐部的教练会一起参加训练，鼓励她在跑步时超越他。在她担任联邦教练期间，她将自己的教练视为榜样：示范、共同参与、让其他人有能力进行自我训练、训练他们感受自己的身体。如今，比尔吉特·费舍尔已将她对皮划艇的热爱变成了职业，也会有前竞技运动员来找她请教。

在十几岁的时候，她很擅长游泳，会玩手球和踢足球，喜欢骑自行车。这对她作为皮划艇运动员取得成功也有一定帮助。学会控球的人，他们的空间感和本体感觉能力也会增强；训练腿部肌肉的人会对腿部与整个身体的联系有所了解。年龄越大，你的灵活性、速度和身体状况就越差，但运动过程已经深深扎根于身体中，很多东西都可以得到补偿。

人的平均预期寿命取决于许多因素：我们生活的国家、那里的教育和生活水平以及医疗水平。但起决定性作用的是我们自己的生活方式，我们是否喜欢锻炼，我们是否与我们的身体保持良好的关系。那些吸烟、吸毒、工作过多、工作压力大的人，通常会早衰和早逝。对此，社会学家称之为"虚无主义型生活方式"。如今 50 岁的人更多保持着一种被称为"干预主义"的生活方式：他们比前几代人生活得更健康，会做更多的运动。

兴奋剂也对一个人与自己身体的关系有着重大影响。比尔吉特·费舍尔指出："通过药物或其他非自然的作用来操纵身体会导致人们失去对身体的感觉。身体会发出虚假的信号，这反过来会导致错误的反应，从而可能会导致超负荷训练。"她说道。运动和休息需处于适当的平衡，不应受到外部影响。疼痛和疲惫是身体发出的重要信号，人们要利用这些信号来调整训练。"我需要与我的身体进行真正的对话，我不想操纵它。还有一点很重要，那就是公平竞争。一个人怎么能因为通过非法手段取得成功而感到自豪？我永远不会指责任何人服用兴奋剂，但我呼吁诚实，尤其是对自己诚实。"而且："我有一个观点，许多服用兴奋剂的人会因此表现得更糟糕。因为即使是头痛药丸也能操控你的身体感觉，它能消除疼痛。而如果你需要通过身体反馈进行训练，那么药物就不是一个好东西。"

当比尔吉特·费舍尔的孩子出生时，她在训练中不得不做出让步。她会写训练日记，密切关注什么训练对她有好处，什么训练要继续，什么是可以省略的。"我一开始会做力量训练，接着我省去了跑步训练。到最后我几乎只划桨，把所有的训练都放到了水上，包括力量训练。为此，我增加了船的水阻力，减慢了船的速度。我擅长间歇训练，这是一种非常高强度的训练，前提是必须非常了解自己，否则很快就会受伤。"

间歇训练时，运动和休息交替进行，休息间歇很短，身体不能完全从运动中恢复，这就是训练原理。如今，她在皮划艇课程中培训管理人员时，会向他们解释休息的重要性：人不可能一整天在电脑面前都能保持相同的效率水平。"三个小时后，你应该做些别的事情，最多是三个小时。"休息有助于大脑和肌肉的生长。

2004 年，比尔吉特·费舍尔白天只训练一个小时。她还继续参加了大型比赛，并获得了胜利。此外，食物也发挥了重要作用。例如，肌肉的增长需要蛋白质，矿物质和维生素能促进细胞再生。"我有过这样的经验，人们可以大大延缓自己的衰老"，比尔吉特·费舍尔说道。"我想，身体会告诉你，什么是对你有益的，而这一点是因人而异的。"本来她应该多喝水，但她不喜欢。于是她在花园种了薄荷，用它做了茶，冬天喝热的，夏天喝凉的。

比尔吉特·费舍尔在四十多岁时退出了竞技体育。在她最后的大型比赛中，与她同船的运动员年龄与她孩子一般大。直到 56 岁，她的更年期才开始。她原本希望可以避免这样的结果，但当她停经时，她意识到自己不再像以前那样强大了。她的黏膜变得干燥，眼睛疼痛，喉咙灼热得几乎无法吞咽。她的医生给她开了一种激素凝胶。她立刻感觉好多了，一周半后喉咙痛消失了。但后来她看了包装说明，想起了她以前的准则，即她所说的不要被药物"操纵"。十个月后，她再次停止服用这种药物。"这取决于每个人自己对于如何应对更年期所做出的决定。但我想用另一种方式来处理身体机能下降的问题，我会积极地抵制。是的，我的老天，我真的完成不了那么多了，我也不再是 30 岁了。身体，尤其是大脑必须做出调整，而这需要时间。"

总的来说，女性无论是在更年期之前、期间还是之后，在医疗方面获得的帮助不如男性。维拉·瑞茨·扎格罗斯克（Vera Regitz-Zagrosek）和斯特凡妮·施密德·奥尔特林格（Stefanie Schmid-Altringer）医生在她们的《性别医学》一书中写道："男性样本在医学中是所有事物的衡量标准，而女性和男性的大脑、心脏以及肝脏细胞都不同，医学研究在很大程度上忽略了性别之间的差异。"典型的研究参与者是一名男性，甚至动物实验也通常在雄性动物身上进行。因此，女性如有轻微不适，往往依赖于自助。那些本身感觉能力好的人，比如比尔吉特·费舍尔，在这方面具备优势。比尔吉特·费舍尔说她既不喜怒无常，也不会不满或沮丧；更年期并不一定就会伴随着情绪波动。根据德累斯顿大学心理治疗和心身医学诊所主任克斯廷·魏德纳（Kerstin Weidner）2015 年的一项研究，心理问题在所有年龄层中都出现得同样频繁。为此，她的研究团队采访了 1400 多名女性。

然而，像美国生物物理学家和心理学家彼得·艾伦·莱文（Peter Alan Levine）这样的创伤研究人员认为，每一次负面经历、每一种负面感受都储存在体内，这可能会导致疾病。虽然这些感受和经历不会通过运动表现出来，但身体确实可以摆脱它们，他在《文字之上的语言，我们的身体如何处理创伤并引导我们回到内心平衡》一书中写道。从这个意义上说，比尔吉特·费舍尔的运动乐趣和良好的本体感觉很可能有助于她的心理平衡。

比尔吉特·费舍尔回忆道："大约八年前，我对我的孩子们说：如果我明天死了，不要难过，我已经有很多高光时刻，也经历了很多。"尽管如此，她还是有自己的计划：她再也不想打理大花园和大房子了，而是想在其他国家做一名教练，并到世界各地。因此，她将会卖掉所有的一切，开启一些新的体验。她会继续保持运动，以及属于她的生活。

美丽

超模克劳迪娅·希弗：美无关年龄

1987 年的一个夜晚，克劳迪娅·希弗（Claudia Schiffer）第一次去杜塞尔多夫的一家名叫"跳棋"（Checker）的迪斯科舞厅。那时，她 17 岁，有人问她是否想成为一名平面模特。她以为问的是她朋友，因为她认为她朋友更合适。事实上，经纪人指的是她。"剩下的都是往事了。"她说。

2020 年 8 月 25 日，在她 50 岁生日前后，报纸上到处都是关于她的文章。她对自己的年龄有着明确的态度："我活在当下，并享受其中。当一个人有了快乐和健康的时候，其他的自然就随之而来了。"出生于 1933 年的英国老戏骨迈克尔·凯恩（Michael Caine）曾对她说：变老比变年轻要好得多。

我一直对克劳迪娅·希弗很有好感，这出于一种直觉，并不需要证据。此外，对我来说，她是美的代名词，这是当今模特选秀节目的平庸远远不及的，在那些节目中，模特们非常年轻，她们的行为、思想、感受都遭到了过多的曝光。克劳迪娅·希弗能够保护自己，但那也是在一个完全不同于今天的时代。

在杜塞尔多夫的迪斯科舞厅被发现后，克劳迪娅·希弗很快就出名了。她代表了所谓的"超模黄金时代"，这一时代标志着时尚史上，尤其是美丽史的一个特殊节点。这些模特作为个体而被大家认识，不像以前那样，只是简单地展示作品。

此前一直都有个别平面模特代表的更多的是他们自己，而不是他们所展示的时尚。例如，范若施卡·冯·兰朵夫（Veruschka von Lehndorff）因电影《放大》（Blow-up）而成名，现在已经做了很长一段时间的画家和摄影师。而超模们是一个群体，虽然这可能不是她们本来的计划，但她们向世界发出了一个女性主义信号：看，我们是个体。"对我来说，女性主义意味着在每个方面都能坚定地做自己，无论这对你个人意味着什么。接受自己的个性，接受一切与之相伴的东西。"克劳迪娅·希弗说道。

接着她提到了超模与前辈们不同的关键点："我们用前所未有的方式掌控着我们的职业生涯。我们会团结在一起，互相照顾，我们会站出来维护我们的利益。"

为数不多的女性超模，辛迪·克劳福德、克里斯蒂·特林顿、琳达·伊万格丽斯塔、娜奥米·坎贝尔、塔贾娜·帕提兹和后来的凯特·莫斯，至今仍以各自的方式在从事着她们的职业。这在时尚界也从未发生过，以前的模特从二十几岁起就被认为太老了。克劳迪娅·希弗在50岁生日后不久还被《GQ》杂志评为

"年度女性"。

从 20 世纪 90 年代中期开始，在超模的鼎盛时期之后，时尚界朝着两个方向发展：一方面，时尚行业越来越需要所谓的瘦模特；另一方面，模特选秀节目开始流行起来，它们暗示选手们可以变得像以前的超模一样出名。时尚行业已经全球化，比以前甚至更加艰难。许多新市场加入了进来，每个博主都需要有独到的吸引点，那些时装系列早已不用留在商店里陈放那么长时间，人们对新样式的需求增加，与此同时，大家也越来越希望看到新面孔。一切都在以惊人的速度发生变化。克劳迪娅·希弗说道："在数字化之前，时尚新潮会出现在杂志的头版长达数月之久。"

虽然已经有全新一代的知名模特——乔治亚·梅·贾格尔（Georgia May Jagger）、卡拉·德莱文尼（Cara Delevingne）和劳拉·斯通（Lara Stone），但她们无法与那些超模相比，那些超模在当时比当今大多数的流行明星和好莱坞明星都要出名。

医生兼科学作家乌尔里希·伦兹（Ulrich Renz）在其著作《美丽：一门科学》中谈到，对美的渴望显然是人类的基本感受。他还认为这个话题是一个敏感的话题：当他在一个小圈子中朗读他的图书的第一个版本时，出现了"热烈欢呼"和"关门而去"两种反应。"美这个话题是一个雷区。一些人拥有它，而另一些人没有的这一事实使得它具有爆炸性。"美是"对我们最神圣的价值观之一的侮辱：人人生而平等"。作者提到了所谓的吸引力研究，该研究指出，美丽绝不是相对的："纵观社会所有阶层、所有文化和各大洲，无论年龄、职业和性别，相同的面孔在任何地方都被认为具有吸引力。"

这一论点确实得到了几项研究的证明，但作者不得不在他的书中加以限定，因为根据时代和文化的不同，对美的看法是不同的，有的以长腿为美，有的以短腿为美，有的以苍白为美，有的以黝黑为美，有的以丰满为美，有的以苗条为美。

社会学家蒂娜·丹宁格（Tina Denninger）在她的研究《论美与年龄》中指出了一种社会机制，这一点至关重要："人们对美的观念，就像对身体和年龄的观念一样，总是陷在权力关系之中。"在什么时代，什么样的人或物被视为美丽或丑陋，是由统治阶层决定的："因此，当代德国社会中衰老的身体被认为不符合美的观念，这一事实是社会力量和权力关系的表现。"

克劳迪娅·希弗有幸符合了人们对美的观念，这是她成就非凡事业的先决条件。但她也成功地改变了权力关系，使之对自己有利：在很短的时间内，不再有其他人支配她，而是她来主导。权力关系的逆转也对美的理念产生了影响：因为她和其他超模至今仍在继续自己的事业，并且也找到了其他的方式公开发声，她们提出了自己的质疑：美有过期的一天。总之，克劳迪娅·希弗坚信："美是主观的。另外，美是可以培养的，这一点同样很重要。"

克劳迪娅·希弗于 1970 年出生于莱茵河下游的莱因斯贝格。她当时的愿望是在她父亲的律师事务所当一名律师，即使当她在巴黎已经站在摄像机前准备拍摄第一组照片时，她的计划也仍然是：了解一下世界，精进法语和英语，然后学习法律。

在巴黎的头几周，她与德国摄影师艾伦·冯·恩韦斯（Ellen von Unwarth）合作，艾伦·冯·恩韦斯比她大 16 岁，也才刚刚开始她的职业生涯。Guess 牛仔品牌的所有者，美国人保罗·马西亚诺（Paul Marciano），看到了恩韦斯拍摄的照片。"他希望我们支持他的下一次牛仔活动。在那之后，无数次的欧洲和美国之旅接踵而至"，克劳迪娅·希弗说道。有时他们出现在田纳西州的纳什维尔（Nashville），有时在希腊的米科诺斯岛（Mykonos）。这场活动的一张黑白照片引起了露华浓化妆品公司的注意，露华浓希望能够拥有这张照片，为他们即将上市的第一款香水做宣传。后来，克劳迪娅·希弗出现在美国各大城市的露华浓活动中，在百货商场举行签名活动，到处都有成堆的人在等她。

她还记得，有一天一只鸭子飞进露华浓创始人罗恩·佩雷尔曼（Ron Perelman）拥有的私人飞机的引擎，它只停了一会儿，然后就走了。随后，她还参与了所有大型电视节目，从大卫·莱特曼（David Letterman）、杰·雷诺（Jay Leno）到奥普拉·温弗瑞（Oprah Winfrey）的节目。

后来有一天回家时，她走进公寓的电梯，那栋房子位于纽约北部，靠近中央公园。她头发凌乱，疲惫困倦。然后电梯停了，有人进来了，问她："你是 Guess 女郎吗？你是那个 Guess 活动的代言人吗？""在那时，我知道我的生活已经发生改变了。"

克劳迪娅·希弗之所以成为德国的标志性人物，正是因为她闻名于世，似乎自己的国家因为她变得更强大了一样。有一次，她和美国摄影师阿瑟·埃尔戈特（Arthur Elgort）一起前往罗马为意大利奢侈品牌华伦天奴拍照。这一系列照片的理念是为了向20世纪60年代著名的费里尼电影《甜蜜的生活》（*La Dolce Vita*）致敬。克劳迪娅·希弗模仿了当时由安妮塔·艾克伯格（Anita Eckberg）扮演的主角西尔维亚。越来越多的狗仔队和电视团队跟随她和摄影师穿过罗马的街道。最后，她不得不在一个阳台上摆姿势，而下面还聚集着一群人。摄影师叫她向人们挥手，人们喊着她的名字。"当时有一种超现实感"，她如今说道。

她极好地经受住了早期的辉煌。她所走的T台两侧被数百名摄影师围观，但从那以后，她再也没有去参加过任何聚会。"所以我一直脚踏实地。"

正如她所说，有人教会了她如何在时尚行业"生存"。这个人就是德国时装设计师卡尔·拉格斐（Karl Lagerfeld）。"卡尔之于时尚如同沃霍尔之于艺术，他可以让黑白也变得绚丽，他对时尚风格有着不可思议的感知力，我会永远感激他。"

20世纪90年代，时尚、艺术和流行音乐之间的关系变得更加密切。克劳迪娅·希弗在走范思哲的T台时，播放的是歌手兼作曲者普林斯（Prince）的音乐，普林斯对流行音乐一直以来的要求是具有艺术性。"詹尼·范思哲（Gianni Versace）的时尚秀就像摇滚音乐会，他是将时尚转变为流行文化现象的人。"时装秀变成了直播的灯光秀。"华伦天奴将童话世界搬上了秀台。"

她说，这一阶段的时尚是"激烈和独特的"。音乐、时尚和艺术共同发展，艺术家们相互启发，相互支持。服装设计在博物馆进行展出，让·保罗·高缇耶为好莱坞电影《第五元素》设计了服装，时装是音乐视频（MV）的重要组成部分，在十年前音乐视频才确立了自己的地位。

克劳迪娅·希弗说，做模特不仅仅是看外表。"人们经常会把你和摄影师展现的人物等同起来。但我在摄影作品中扮演的是角色。私下里，我很害羞，很保守。"

1991年，克劳迪娅·希弗就已经是世界上收入最高的模特之一，有时还位居首位。现在，人们仍然可以在广告活动和杂志封面上看到她，她为不同品牌设计了自己的时装系列。2017年，她同意与其他超级名模一起再一次为范思哲走秀："我们生活在世界各地，但一旦我们见了面，就像是和同学聚会一样。我们聊个不停，好像前一天才刚见过面。"

今天，那个时代的超模们不仅展示了她们美丽且熟悉的面孔，还展示出了中年女性的自信。

2002年，克劳迪娅·希弗与英国电影导演马修·沃恩（Matthew Vaughn）结婚，育有三个孩子。现在的她仍对艺术、设计和室内设计很感兴趣，有时她会在Instagram上发布自己家的照片。她通过旅行获取灵感，在跳蚤市场和古董店中淘货，收集玻璃制品、陶器和瓷器以及当代艺术作品和20世纪中期的家具。她与其他人一起做了室内装修设计，并策划了一个大型的20世纪90年代照片展。而她的榜样是在20世纪60年代大放异彩的女性：碧姬·芭铎、夏洛特·兰普林、简·伯金、劳伦·哈顿。对于克劳迪娅·希弗来说，美丽是一个全方位的概念。

与此同时，人们也可以在模特中看到年纪较大的女性，比如六十多、七十多岁的女性模特。根据吉尼斯世界纪录，1928 年出生的英国模特达芙妮·塞尔夫（Daphne Selfe）是世界上最年长的模特。塞尔夫在二十几岁时就已经成为模特，在 70 岁时再次被挖掘成为模特。从那时起，她就一直与摄影师马里奥·泰斯蒂诺（Mario Testino）合作，并为《Vogue》杂志等拍摄广告。

50 岁以上的人有极强的购买力，这就是广告行业会对他们越来越感兴趣的原因。此外，他们在社会中所占的比重正在增加。到 2030 年，德国将有一半人口的年龄超过 48 岁。这也是时尚行业正在应对的趋势。

以"老模特"为代表的经纪公司建议她们不要做美容手术和注射肉毒杆菌，认为她们的年龄就应该显现出来，这样，同龄人就能共情于她们。所谓的"注意力经济"在这里也发挥了作用：与一般情况不一样，可以是一种优势。

当她被问及成功的秘诀时，克劳迪娅·希弗说可能要归功于她的直觉。"我依靠直觉。"她有很好的先决条件，但她并不是依靠别人成为超模的，是她自己使自己成为超模，她掌握了时尚行业的规律，并最终使它为己所用。

当然，克劳迪娅·希弗是幸运的，那个晚上能在迪斯科舞厅被发现——即在正确的时间，正确的地点。但幸运并不代表一切，她以守时著称，也以友善和自律著称。她一直被认为是完美的人，但她自己却对此有不同的看法："人不应该害怕犯错误，但要努力从中吸取教训。"克劳迪娅·希弗影响了她那一代的女性，最重要的是证明了，美丽与年龄无关。

权力

欧洲议会副主席卡塔琳娜·巴利：追求真实的勇气

女性从政不易。少数登上领导层的女性容易让人们忽略一个事实：在女性获得投票权的 100 多年后，德国联邦议院中男性代表人数仍然明显多于女性。联邦各州主要由男性领导，州议会中女性议员的比例大大低于女性在总人口中的比例。

这主要是文化历史上的原因。剑桥大学古代历史学教授玛丽·比尔德（Mary Beard）在其著作《女性与权力》（*Women and Power*）中写道："在我们已知的西方历史的最早阶段，无论是现实、文化还是想象之中，女性和权力间都存在一种彻底的分离。"将女性与权力联系起来对我们来说是如此困难，以至于我们甚至无法在心里进行构想："如果我们现在闭上眼睛，并试图在脑海中勾勒一名总统，或者——让我们进入知识经济的领域——一位教授的形象，我们中大多数人眼前浮现的不会是一个女人。即使你本人正是位女教授也一样：文化赋予我们的刻板印象是如此强大，以至于在闭目遐想这个层次上，我仍然很难想象我自己，或某个像我这样的、扮演我现在的社会角色的人。"

就这点而言，阻碍女性在政治中发挥重要作用的并不是缺乏聘用机会，而是缺乏一种"权力和女性能被联系到一起"的观念。女性们在街上张贴海报、散发传单、纪念章和贴纸，但却怯于谋求职位，参加选举。女性非常清楚人们会如何通过自己的外表、声音、衣着风格来评判自己——而选举无非也是一种评判，因此她们通常不愿意冒着被公然贬低的风险参加选举。

卡塔琳娜·巴利（Katarina Barley）于 2019 年参加了欧洲议会选举。她此前曾向当时的社民党领导人安德里亚·纳勒斯（Andrea Nahles）承诺参加这次选举，尽管她不得不放弃她喜欢的联邦司法部长一职："思考法律是我生活的一部分，这是一种热爱。"

但她想支持社民党和身为朋友的安德里亚·纳勒斯。她的朋友需要成功，卡塔琳娜·巴利在这次欧洲议会选举中的成功也将会是朋友的成功。至少在那天晚上之前，卡塔琳娜·巴利是成功的保证人。当她看到第一批预测时，她就知道这将是"痛苦的"。她讲道，为了让自己冷静下来，她和当时的男友，也就是现任丈夫一起去散步：他是一名体育教练，了解输赢之道。她试图寻找自己的错误，但他证明她已经尽了全力。这让她想起了她的第一任女领导，联邦宪法法院的一名法官给她的建议："只要是你在事先仔细审查后认为正确的决定，在事后就不能再有不同的评判。"

最后，她只获得不到 16% 的选票。媒体称，社民党惨遭"滑铁卢"。她很失望，她的政党也很失望，社民党领导人几天后就要辞职了。社民党本想评估其在实现国家社会民主目标方面的表现。卡塔琳娜·巴利在欧洲大选上的结果证明了该党的危机。

尽管如此，她去了布鲁塞尔，成为欧洲议会的副主席，她学会了忍受胜利和失败的转变。因为输赢都是政治生活的一部分。"重要的不是通过外部环境来定义自己，而是通过自己所能够影响的东西来定义自己。"

这句话是卡塔琳娜·巴利做一切事情的核心：它是所谓"自我赋权"的体现。这个词指的是独立自主地争取自我利益的能力。自我赋权不仅能提升对自己的信心，还能提升他人对你的信任。即使是权力本身通常也只能通过信任来获得，同时信任有助于稳定权力。"你必须挑战自己，对自己高要求，但要知道你并没有掌握一切。"

像她的大多数同事一样，卡塔琳娜·巴利进入政坛是因为她想改变一些事情。但对她来说，这还意味着与人会面。在特里尔（Trier），她开始做法官，那时她还不认识任何人。她加入社民党是在她已经二十多岁的时候，她很喜欢社民党，"从失业者到最高管理者，人人参与"。于是，她开始投身于该党的工作。

在有了孩子后，她休了一段时间的育儿假。后来的某一时刻，她想，"现在的生活也许又可以发生些变化了"。这并不是说她无聊了，而是她已经"磨砺以须"。那时，有人问她是否愿意做区长。"我们这里还从来没有过红色社民党的区长，所以领头人也都没有什么远大志向。"她心想，就算社民党在这里总输，那也没有人会因为失败而责怪她。"我发现尝试这样的事情很令人兴奋，这种好奇心也是我生活的主旋律。要是我那时获得了30%的选票，那就是轰动事件。因为我的对手已经确定了，并且似乎得到了市长、农民和葡萄农的大力支持。"

于是她参加了竞选，这场竞选给她带来了极大的享受。"各个方面都很棒。党派十分捧我的场。"她获得了将近45%的选票。"这是一切的开始"，她说道，意指她踏上政治之路的开始。

卡塔琳娜·巴利于1968年出生于科隆。她的母亲是一名医生，父亲是英国人，在科隆的德国之声（Deutsche Welle）做记者。原本她也想做一名记者。但据她所说，她听别人说学习法律不错，于是她去了马尔堡，后来又去了巴黎，取得了法国的法律文凭。她在德国参加了第一次法学国家考试，并在明斯特取得了博士学位。由于法律早就成为她的热爱，她去了汉堡的一家大型律师事务所做律师，而没有从事媒体工作，从汉堡到莱茵兰-普法尔茨的州议会的科学服务部，后来到卡尔斯鲁厄担任联邦宪法法官雷纳特·耶格（Renate Jaeger）的研究助理，然后到特里尔做法官，最后又成为县长。她富有好奇心，且很乐观，这就是她的驱动力。

她对法律的热情伴随着对政治的热情。在2013年的联邦议院选举中，卡塔琳娜·巴利作为特里尔选区的直接候选人，获得了31%的选票，进入了联邦议院。2015年11月初，时任社民党主席的西格玛·加布里埃尔（Sigmar Gabriel）提议她接替亚斯敏·法希米（Yasmin Fahimi）担任社民党秘书长。

这不是一个容易胜任的职务。秘书长必须支持该党的领导人，要组织竞选活动、党代会和成员意见征询会。秘书长必须确保整个党派，从地方协会到联邦议院，在各个层面的合作，同时需要为该党制定未来发展的战略。秘书长代表着该党，在面对其他各方时，要能够明确自己的立场并坚持自己的立场：对内、对外，甚至带有进攻性。在政界，秘书长被形容为"狩猎中的腊肠犬"。

社会关系反映在政治中。由于权力长期由男性支配，政治观察者就习惯于这样一个事实，即这样的职位都由男性担任。如果某样东西几年、几十年、几百年来都保持不变，它会影响人们的感知，在很大程度上，这是一种潜意识过程。作出判断只在一瞬间。而任何偏离常规的事物都会刺激到人们。某个人或某件事偏离了标准就有可能被否定，就像从政的女性或追求权力的女性一样。

玛丽·比尔德在她的《女性与权力》一书中引用了荷马、亚里士多德或奥维德的古代文本来说明这种传统模式。一个女人若是质疑一个男人的权力，会被阻止发声，正如许多古代神话中女性人物所展现的那样：公主伊娥变成了一头只能发出"哞哞"声的奶牛。国王的女儿菲洛米拉被强暴以后，她的舌头被割掉。宁芙仙女艾柯只能永远重复别人说过的话。美杜莎在希腊神话里是一个长着蛇发的可怕形象，她是如此的强大，以至于谁与她对视，便会石化，而英雄珀尔修斯设法砍掉了她的头。还有一幅至今仍经常被用来代表男性秩序在政治上的胜利的图片：图片描绘了2016年美国大选的获胜者唐纳德·特朗普举起他的挑战者希拉里·克林顿被砍下的头颅（美杜莎的形象换成了希拉里）。安格拉·默克尔也有类似的形象，而作为总理的她曾被认为是世界上最有权势的女性。

担任秘书长的女性并不完全符合人们对权力分配的普遍观念：一个必须坚持立场、必须打断和攻击他人、必须不断主张自己观点的女性，例如在选举后出现在柏林电视节目中，而女性在公共场合这样做是不符合惯例的。

"我和西格玛·加布里埃尔聊过很久，我没法在不是我自己的立场的情况下自动切换为攻击模式。"卡塔琳娜·巴利说，"我告诉他我不会假装，因为我们从政者最重要的东西是我们的真实性。如果身为从政者做不到真实，如果你不是你自己，那么你肯定不会成功。这也是真的。我说过我不会因为这份工作改变了自我"。

真实性对卡塔琳娜·巴利来说很重要，这也是她没有继续做律师的原因："我没办法为任何我自己都不相信的事情做辩护。但如果我很确信某件事，那么我也会激烈地以自己的方式进攻。"

在2015年社民党党代会选举秘书长一职时，她最终获得了93%的代表选票。一年半后，她担任了联邦家庭事务部长。不久之后，在安德里亚·纳勒斯当选为社民党联邦议会党团主席时，她又从安德里亚·纳勒斯手中临时接过了联邦劳动部的领导权。在2018年3月新的联邦内阁宣誓就职之前，她一直负责该公务。

在欧洲大选前的这一年，她是联邦司法部长。

卡塔琳娜·巴利保持着真实的自我，但依旧获得了权力。她证明了，权力也可以不同于历史产物。根据比尔德的观点，这恰恰指的是重新定义权力，改变架构和更进一步。"这意味着人们必须从协同运作的角度去思考，更多地去考虑追随者而非领袖的力量；意味着将权力当作一种属性，甚至是一个动词，而非某人的私有财产。"

卡塔琳娜·巴利认为她政治生涯必经的许多变化丰富了她，因为她并不害怕变化。过了很长时间她才意识到，许多人要比她更难做到这一点："在父母家里，我感到很有安全感，深受鼓舞，以至于我总是有信心，事情会顺利进行。"她的生活也并不总是一帆风顺，虽然看起来好像是这样，也存在一些她从未公开谈论过的一些打击："但这些事情也没有动摇我对生活的信心。"

无论谁接管了一个部门，背后都存在与竞争对手的权力斗争，会受到公开批评和出丑，会在无数观众面前犯许多错误，必须适应党的路线，必须接受执政联盟中更大党派的想法，他或她认为正确的事情不会全部实现。部长不能抓着他的职位不放，这样的话他很快就会失去职位——因为政府首脑希望这样，因为有必要为错误承担责任，或者因为选举失败。不丧失对自己和他人的信心是担任高级政治职务的条件，而这种信心需要不断地重新获取。

但无论如何，卡塔琳娜·巴利在中年时期从来不会怀念过去，怀念她不需要承担这么多责任的时候，怀念她还是学生的时候。"我现在更清楚地知道我是谁，我知道我想要什么，以及如何获得我想要的。我也知道我不想要什么。我了解我的缺点，我不再需要向自己证明任何事情。"与年轻时相比，她觉得自己更不在意他人的期望。"这是在这个年龄对我来说最好的事情。"作为一个人和一个政治家，保持真实是她在这个艰难的职业里以及其他时候也能获得快乐的方式。

爱情

职员安娜·胡特马赫：两个自由决定

如此多的小说、电影和日常故事都表明，爱情在任何时候都受欢迎。然而，在中年，情况往往并非如此。这是人们责任最重大的时期。通常在这一时期，孩子需要安全感，父母需要支持，而且他们仍然有着来自完全不同时代的想法。同时，可能还要面对这样的雇主：不想看到你注意力被分走，不管因为什么事情。但是，如果爱情不扰乱原本有序的事情，它就不是爱情了。面对这种"无序"需要勇气，因为它影响到的往往不只是你自己，也会影响到你最亲密的人。有时，这种"无序"也源于这样一个事实，即这份新感情与社会规范相悖，或者人们自己对这份感情感到惊讶，因为这种形式的爱情是他之前未见过的。

安娜·胡特马赫（Anna Huthmacher）就经历了这一切。她说，她两次都很勇敢。她说这句话的时候有点迟疑，她很少这样。事实上，她说话坦率果断，因为她认为向自己和他人明确地表达她所做的一切很重要。她还知道，个人所做的事情可能具有超出影响自己本身以外的意义。谁做的，会有影响，谁说的，也有影响。因此当她表达她的想法和感受时，她会详细准确地表述。但这次她迟疑了，她说道，这是因为她不想让别人听起来觉得她很自豪。但可以看得出来，与这点没什么关系。

第一次的勇敢是当她决定爱上一个女人，与她结婚，一起组建家庭。说她勇敢，不是因为她难以开口讲述这件事，而是因为这种形式的爱对她个人来说是从未有过的，是因为她和她的妻子体验到，对于一对同性伴侣来说，完成一件对社会大多数人来说理所当然的事情——拥有一个家庭——是多么困难。她们必须克服很大的阻碍。

第二次的勇敢是当她走出婚姻：这次，她爱上了一个男人。这并不是对过去的质疑，质疑她以前选择的充满幸福的生活方式——那种适合她并且让她感到安稳的生活方式。她也并不想伤害任何人。但她对这个男人的感情是如此确定，以至于她无法忽视这份情感，或者反过来说：忽视这份情感也会损害她的婚姻。于是这次她又跳了出来。

资产阶级把爱情和婚姻联系在一起，在他们的故事里，预设了爱情是一切秩序的开端：成年男女早早结婚，然后一切都好了起来。但这些故事发生在人们寿命比现在短很多的时代，女人通常在分娩时死去，男人在战争中死去。到了1945年的西方，除个别例外情况外，和平年代开始了，医疗进步使得人们寿命延长，但在人们的观念里，爱情仍然等同于婚姻，而婚姻只能缔结一次，它意味着一段长达数十年的关系开始了，人们在这段关系中担惊受怕，担心被边缘化或者受到惩罚。

于是，陷入痛苦的老夫老妻随处可见。当然，也有一些夫妻大部分时间都能相处得很好。还有一些夫妻分开，正是因为他们希望彼此好，明白这段共同的关系无法给对方带来幸福。几乎什么样的情况都有。还有一种情况是，一份伟大的爱情偶然撞见了另一份伟大的爱情，就像安娜·胡特马赫经历的那样。进入中年时期的人会发生变化。有些变得更好，有些更差，但大多数变化是无法评判的。对生活中出现的惊喜和挑战保持开放的态度意味着发现自己不同的面，有时这也会带来新的爱情，有时则相反。但这并不一定意味着一个人长久以来对另一个人的感情消失了，它只是发生了一点改变，想要被生命力填满。

安娜·胡特马赫和她的儿子住在德国南部的一个城市。他们的公寓位于一栋有几层楼的老房子里。门铃牌上只写着她妻子的姓氏。安娜·胡特马赫在婚礼上接受了这个姓氏，她的儿子也用的这个姓氏。但这与我们在故事中使用的姓氏不同。她可以讲述自己的故事，但她不想给妻子带来痛苦，也不想让儿子受到质疑。

这套新公寓很漂亮，但还没有完全装修好。她刚刚与妻子分手。发生这样的事情，既不是为她妻子也不是为她自己，更不是为她们共同的儿子，她看上去既忧郁又快乐。有时幸福和不幸是紧密相连的。

安娜·胡特马赫和她的男朋友第一眼看上去就如此般配，以至于人们完全不会去想他们在一起是不是正确的。他们坐在一起吃早餐，谈论政治，谈论他们的职业，谈论他们曾经居住过的国家。他们的聊天很顺畅，他们既不会让对方紧张，也不会刺激对方，就像那些已经非常清楚对方要说什么的夫妻一样。在某个时刻，他站起来，提出要去购物，这样她就可以在他不在场的情况下讲述自己的故事。他希望她感到自在。

安娜·胡特马赫1974年出生于德国北部，大部分时间在柏林长大。她的父母于20世纪60年代初相识，在那个年代，异性恋不仅是社会准则，也是法律唯一允许的模式。围绕伴侣关系的种种准则使得那时的恋人们很难谈论自己的疑虑，很难将其理解为人们长时间生活在一起时原本很正常的事。

安娜·胡特马赫的母亲是犹太人，在柏林墙修建两周后来到柏林（柏林墙于1961年8月13日未经宣布就开始修建），那时离大屠杀结束只过去了16年，德国是施害国。她的母亲在柏林西部的一所学校教书，当时，她的一些学生与住在东部的父母分隔两地。她后来的丈夫，安娜·胡特马赫的父亲，也来自这样一个被拆散的家庭：他在西柏林学习，而他的家人住在东柏林。他的弟弟是安娜·胡特马赫母亲的学生。

战争、纳粹主义及其后果给这一代人带来了沉重负担。在安娜·胡特马赫眼里，她现已不在人世的父亲非常友善，但也容易受到刺激，情绪不外露，因此她后来想知道母亲为什么会爱上这个男人，并与他按照传统的婚姻模式生活下去。但现在的她，像许多中年人一样，更了解她的父母了，因为她看到了父母年轻时不得不忍受的一切。人们或许渴望秩序，尤其是在经历了战争和恐怖的纳粹时代所带来的所有混乱之后。

安娜·胡特马赫在结婚前一直都是与男性谈恋爱，尽管她当时已经对女性感兴趣。"过去从来都不是认真的，或者说我没有勇气"，她如今说道，"不管怎样，但我已经觉得我可以爱上一个女人"。她很快就与后来的妻子发展了亲密关系，只是过了一段时间，她才习惯可以和对方确定关系这样的念头。

当她最终走入恋爱时，她全情投入。她想组建一个家庭，两个母亲，至少两个孩子。用一个共同的孩子来实现对另一个人的爱是一种美好的想法，也可能是一个巨大的愿望。安娜·胡特马赫已经不再像二十几岁的人，还能有大把的时间去思考孩子的问题，但另一方面，她又还不到五十岁，人到五十岁的时候通常已经得到这些问题的答案。她已经三十好几，这个年纪的女性如果还没有孩子，但又想要孩子的话，会遭受很大压力。为了能够开始所谓的生育治疗，这两个女人必须结婚。

同性伴侣经常会谈到，他们有着不同于异性伴侣的自由，可以找到适合彼此的规则。千百年来影响男女的不成文规则并不适用于他们。举一个日常生活中的例子，当一个女人和一个男人去购物时，她会去蔬菜摊或奶酪柜台，而他则会去拿沉重的饮料箱。同性伴侣一般会根据各自偏好或才能来决定分工，他们会寻找适合自己的解决方案。安娜·胡特马赫和她的妻子在决定谁来生第一个孩子时也是如此。她可以先生，这是她妻子自发决定的，因为她知道安娜·胡特马赫非常想怀孕。一个人不是为了自己，而是为了对方而行事，这是一种爱的象征。

生育治疗需要付出巨大的身心代价。激素疗法会影响身体和情绪，随之而来的是希望和失望的不断交替。一开始，医生就建议安娜·胡特马赫，她和她的妻子应该接受心理干预支持。但她认为，她们自己就能搞定：两个女人彼此相爱，愿望如此明确。"这是一个错误"，她如今说道。

她花了三年半的时间才怀上她的儿子，那会儿她已经四十出头了。在这期间还要走各种官方程序、填各种表格，并且事先要获得许可。她很高兴一切都进展得很顺利，但也感到很疲惫。大多数夫妇都会为拥有自己的孩子感到高兴，但突然之间，有那么多新任务要完成，要找到新的角色，要作出改变，于是爱可能会遭受考验，最终枯萎。

尽管如此，安娜·胡特马赫并没有想办法去摆脱这种爱。那时没有猜疑，没有苦想。她觉得能一起创建一个家的感觉太棒了，她为她的家人感到骄傲，她喜欢在办公室或者其他地方称她的伴侣为"我的妻子"。

新的恋情像闪电般从天而降。爱情被比作自然的力量，这绝非巧合。但安娜·胡特马赫知道，向其屈服也是一个决定。是再打个电话还是不管它？是离开还是约定见面？她思潮起伏。失去理性是爱情的一个特征，但与年轻时不同的是，她更难放任自己沉湎其中。她比以前有更多的责任，她想成为一个忠诚的妻子和一个能给儿子稳定的家的母亲。可突然间，一些人的存在以及他们的爱和脆弱在她的决定中发挥了作用。

她的母亲建议她考虑新恋情。安娜·胡特马赫说，她一开始很生气，因为她以为她的母亲想让她的女儿和一个男人生活在一起。但很快她就明白了，她的母亲是希望她能做到自己那一代大多数人未能成功做到的一点：倾听自己的心声。

爱情是一种清晰的感觉，不会模棱两可，但它所带来的影响确实会是复杂的。这也是因为西方延续了古希腊时期对爱的定义，这一复杂的概念产生并一直持续到了今天。爱有三种不同的形式：一方面，欲爱（Eros），代表着激情；另一方面，友爱（Philips），代表着相互理解；最后是神爱（Agape），是无私的爱，仁慈的爱。理想的爱情需包括这三种形式。长大成人意味着不让自己顺应所有的冲动。继续用古希腊时期的说法：这恰恰就是欲爱的要求。神爱一般指的是要关注自己的行为对他人，即"周围的人"意味着什么。但也有一种可能，如果你一直抵抗自己的冲动，你很难再成长。反过来，经历一场冲突可以让自己和相关的其他人成熟起来，也就是友爱所指的互相理解。

安娜·胡特马赫花了好几个月的时间才决定遵从自己更强烈的冲动。她想和她爱上的那个男人在一起。她接受了随之而来的冲突，并经受住了冲突，也找到了一种方式来履行她的责任，由于她对妻子和儿子的爱，她也会承担更多的责任，同时对自己的感受负责。

20 世纪 70 年代，加拿大心理学家阿尔伯特·班杜拉（Albert Bandura）发表在《心理学评论》（*Psychological Review*）杂志上的一篇文章创造了"自我效能"（self-efficiency）一词。它指的是一个人能够成功地独自应对困难的信心。自我效能感可以让通常在爱情初期出现的混乱状态恢复有序状态。

现在，安娜·胡特马赫住在她的婚房附近。她与另一位母亲轮流带孩子，所以她们的儿子拥有两个房间，这里一个，那里一个，"他为此感到自豪"，她说道。她认为他好奇又快乐。她不会搬到男朋友的城市，那里太远了，她会留在儿子身边。正如她过去会很快向陌生人表明她与一个女人结婚了一样，她今天也坦率地描述了现在的情况：两个母亲，一个朋友。她说，她觉得坦诚总是没错的。她认为，留在此处，但心又在另一处，这样做不适合她，而且同样也可能会受伤，甚至会比离开还要严重。想到离婚，她无法从愧疚感中摆脱出来，但她喜欢回顾自己的婚姻，看看自己婚礼的照片。两位新娘的裙子有着相似的式样：一个选择了绿色丝绸，另一个选择了蓝色。她们看起来很幸福。

安娜·胡特马赫说道，她非常幸运，在她的人生中同时找到两份爱情。与前几代人的情况不同，今天的人们可以更多地遵循自己的意愿，在中年时，这种情况会更主动地发生，因为中年人更了解自我，因此会比年轻时更好地做到这一点。安娜·胡特马赫说，和当初决定选择她的妻子一样，选择她的男朋友也是一种自由的决定。正是这种自由给她带来了幸福。

宽恕

灵魂乐歌手乔伊·德纳兰：化解冲突

她的父母一直想要一个女儿，因为他们已经有了两个男孩，但在那之后，有一段时间看上去好像他们不会再有孩子了。六年后，她终于出生了。父母非常喜悦，于是给她取了这个名字：乔伊（Joy，意为喜悦）。

乔伊·德纳兰（Joy Denalane）说，如果要谈名字是如何影响一个人的话，那就要写一本书了。但有一点她可以证实的是，她的名字确实表达了她童年的基本感受。她的童年被父母对孩子们的热情所包围，他们总共有六个孩子。乔伊·德纳兰是这样形容她的父母的：活泼、坚强、自信，并且懂得如何教给她这些品质。

她生来就是有色人种。她的母亲是德国白人，父亲是南非黑人。种族主义和女性主义一样，在过去和现在都是乔伊·德纳兰生活中的主题。她的许多歌曲，例如《索韦托的犹太区》《是时候了》和《世界属于谁》，都涉及了政治和社会批判的方面。

她的父母很早就教她，如果她因为肤色遭到侮辱或恶意对待，要立即做出回应。为了让对方清楚他自己的行为，她应该反问：你是什么意思？你为什么这么说？"他们告诉我，我不能只是简单地进行反击，而是要尝试提出一个问题，让对方直面他们自己的话语。我有权对他们的话提出质疑，并请他们向我解释。"有时这种方式会奏效。"在任何情况下，我都不能感到无能为力，绝不"，乔伊·德纳兰说道。

如果你用这种方式为自己成功辩护，那么接下来的反应就可以有各种各样的形式。如果你愿意的话，甚至可以选择宽恕。一般来说，女性很难表露出自己的愤怒，并且这种愤怒已经超出了可容忍的限度，因为传统的女性角色形象不涉及愤怒、攻击性或反对。而无法表达自己不同意见的人往往很难原谅他人。当然，在冲突真正解决之前，原谅也是没有意义的。因此，自我辩护和宽恕的顺序至关重要，就像乔伊·德纳兰从父母那里学到的那样。因为宽恕了之后，就进一步增强了自我主张：你表明对方不再对你有任何影响。否则，"报复性思想会让我们被这一罪行束缚"，也因此把我们与施害者绑定在了一起，德国哲学家兼记者斯文雅·弗拉斯珀乐尔在她的《宽恕》一书中写道。

不过，人并不是在任何情况下都能宽恕，在某些时候，宽恕甚至是错误的。例如，当某个不正当行为严重到超出了任一层面时。法国哲学家弗拉基米尔·扬克列维奇在其关于道德和文化哲学的文章中对宽恕这一话题进行了大量思考，对他来说，消灭犹太人是一种文化上的破坏，显然超出了宽恕的限度。"宽恕不能成为一项规范性要求"，弗拉普勒说。宽恕不能被要求，必须是个人自己的决定，他想要宽恕且能够宽恕。法国哲学家雅克·德里达在其著作《宽恕》中写道："宽恕也不可预测。"

宽恕提供了可能性：让已发生的事情留在过去，让自己面向新的未来。这是科学家托马斯·杜尔从哲学家汉娜·阿伦特的作品中读出的理解，他将其写进了他的文章《汉娜·阿伦特的宽恕概念》。阿伦特谈到了一种"承诺的宽恕"，它着眼于过去和未来。

对于乔伊·德纳兰来说，宽恕也是"结束某件事，使人能够专注于新的事情，而不带走旧的负担"的先决条件。现在，到了中年，她有很多这方面的经验，先解决冲突，既包括政治方面的也包括私人方面的冲突，然后承受，最后放下。

乔伊·德纳兰于 1973 年出生在西柏林，她的父母在孩子出生之前就从海德堡搬来了这里。他们希望这里的生活会比在德国南部的小城市更容易，因为柏林更大。"更多元化，更国际化"，乔伊·德纳兰如是说。她的父亲于 1960 年从约翰内斯堡来到德国海德堡学习牙科。她的祖父在南非致力于反对国家制度化的种族隔离。她的叔叔与被关多年的国家囚犯、后来成为总统的纳尔逊·曼德拉是朋友。乔伊·德纳兰说，英国圣公会大主教德斯蒙德·图图曾是她父亲的老师，还有休·马塞凯拉，南非最有影响力的音乐家之一，也是一位反种族隔离的活动家，与她共同制作了她的专辑《Mamani》，也是她父亲的好朋友。

小时候，她会研究摆放在家里的一切东西，其中可能包括她父亲工作所需的有关牙科疾病的专著，也可能是有关种族隔离的书籍。当看到1976年在南非索韦托发生的学生起义的故事，其中有学生被枪击，她哭了。然而，她的父亲常常只是捎带着提一下他对本国民权活动家的了解程度，"几十年来，我只能是一点一点地了解"，乔伊·德纳兰说道。例如，当其中一个活动家出现在电视屏幕上时，当他来自南非、加纳或尼日利亚的朋友（他们也住在柏林）来访，与他谈论政治时。

她说："在20世纪60年代的德国，像我父母这样的夫妇是一个政治问题。"不仅在这里，在南非也是如此。她的母亲不被允许与丈夫一起回到他的家乡，那里的法律禁止这种所谓的异族通婚。"我在成长过程中了解到深深植根于人类的种族主义，这个问题一直围绕着我。"作为一个非洲人的妻子，她的母亲看到了发生在她的孩子和丈夫身上的许多歧视。

但是乔伊·德纳兰已经无法再和她的母亲详细地谈论这一切，她的母亲于2001年因癌症去世，当时乔伊·德纳兰还不到30岁。她说："遗憾的是，我那时还没到和妈妈聊婚姻大事的时候。"有时，只有当一个人的生活遇到挑战性的问题，而且那时的年龄往往都比较大的时候，人们才可能与父母谈论他们所受的伤害和自己的感受。

她的母亲是一名接受过专业培训的摄影师，但在柏林的劳动局做了一份全职工作。她非常注重让孩子们每天早上干干净净地

"像剥了皮的鸡蛋一样"出门："早在 20 世纪 80 年代就有这样一种偏见，即有着移民背景的孩子通常都蓬头垢面，我的母亲想证明事实并非如此。"晚上，母亲为家人做饭，检查家庭作业，然后还会给年幼的孩子们读些什么。"她有六个孩子，她会去到孩子们的每所学校，就为了确定一点：如果她注意到她的孩子遭遇种族歧视，学校会喊来对方的家长。"

这位母亲还告诉她的孩子："我们生活在一个男性主导的世界。"她获得了自由，并向她的女儿们展示了自己挣钱的重要性："我们所有人，包括我的兄弟姐妹和我，都是在六周大的时候来到托儿所的。我妈妈六周后就回去工作了。"

她的女儿应该像对待种族主义言论一样回应沙文主义言论：提出对抗性问题。"那的确是一个很好的训练，学会留意，学会保护自己。然而，今天，我认为不应该总是由我们来指出种族主义和沙文主义的问题。"她希望主流社会能关注种族主义的问题，并希望男性能解决普遍存在的权力差距问题。她说，只有到那时，她才会去宽恕。"当然，人要常宽恕。但这涉及两方。造成冲突的过错方应该进行反思。我不是一个坚持心怀怨恨的人，但我也不会无缘无故地原谅。"

1990 年，乔伊·德纳兰 17 岁，纳尔逊·曼德拉经 27 年后获释，南非取消了对非洲人国民大会（ANC）和反种族隔离运动的禁令，该运动的主要领导人是曼德拉。几天后，在约翰内斯堡的一次演讲中，他公开宣布了他的和解政策，呼吁"所有放弃种族隔离的人"一起合作，创建一个"非种族主义、团结和民主的南非，实现全民自由选举和全民投票权"。曼德拉的和解和宽恕政策在这个国家是相当有风险的且有争议的，因为他的很多同伴在受到几十年的压迫之后，计划实行报复。从字义上来说，宽恕就是放弃报复。乔伊·德纳兰说，曼德拉的态度是正确的。在2017年《明镜周刊》的系列访谈中，她称这位南非首位黑人总统为"英雄"。

20世纪90年代初是政治上的转折时期：南非获得自由，冷战结束。对德纳兰个人来说，这一阶段标志着她职业生涯的开始。她19岁时，当时的男朋友说服她去试唱，于是，她成为两个乐队的主唱。1996年，她拿到了第一份唱片合同。用乔伊·德纳兰的话来说，这就像是"一种文凭"，"一只脚进了门"，因为她能够向原本希望女儿接受学术教育的父母表明，她选择的道路是有前途的。"灵魂乐在德国没有特别广的受众，所以我父母完全不清楚，她的女儿如何能凭借她的音乐喜好在这一领域开始职业生涯。"灵魂乐是一种结合了节奏布鲁斯和福音的音乐流派，她对灵魂乐的热爱在她小时候听到她父亲的唱片集时就萌生了。直到今天，当听到美国民权运动反对种族隔离的歌曲《改变即将到来》时，她仍然会钦佩艾瑞莎·弗兰克林（Aretha Franklin），她从中听到了她的伤痛，也听到了她声音中的希望。

但是她拿到的合同给了她很少的艺术自由，根据合同，她得成为一名流行歌手，但她想做灵魂乐和节奏布鲁斯。时至今日，她仍感受到男性在音乐行业中的主导地位，他们总是想要支配女性："坐在一个房间里，表达自己的艺术想法，但共处的人几乎只有男性，这是常有的事。这种情况让人清醒地意识到女性在领导岗位上的占比不足，即使个别男性能力不足。当然，咨询和采纳他人的意见也是完全可以接受的。不过，要是男性想告诉我，我该怎么在舞台上走动，或者我应该在服装方面注意，要更多地强调身材曲线，以及我应该在采访中谈论什么时，我就不能接受了。我不会参与。"有时，有的音乐编辑干这行干了很多年，对什么是相关的，什么是不相关的拥有解释权："他们对这个世界以及它如何运作有自己的想法，并且还总是做出强硬的判断，谁可以参与，谁不能参与。"

"女性如何才能找到自己的路，和男性如何选择自己的路，两者的方式方法是有差别的"，乔伊·德纳兰说道，"我觉得和在这方面没有什么见解的男人沟通起来很累。当然，我还可以继续奋斗，为女性站出来。但我不想向人们解释他们的特权"。

1999 年，名为"朋友圈"（Freundeskreis）的乐队要找一个女歌手与主唱马克斯·黑赫（Max Herre）一起演绎二重唱《和你》。后来，她演唱了这一部分，爱上了马克斯·黑赫并嫁给了他。她说，他很支持她将精力放在对她真正重要的东西。"对我而言，重要的事情当然是我对灵魂乐的热爱和传承。"从那时起，她成了第一批将德语和灵魂音乐结合起来的德国歌手之一。自2020 年以来，她成为签约了摩城（Motown）的第一位德国女歌手。这是一家美国唱片公司，打造了许多出色的美国黑人艺术家。

她知道自己现在也属于享受着众多特权的人，但她不愿意就这么隐退："我希望能够与每个没有这种特权的人交流，告诉他们：我肯定不能完全理解你正在经历的一切，但我留意到你了。"她利用自己的知名度参与了一些活动，例如欧洲的关键改变（Keychange）倡议，该倡议旨在促进音乐行业中的两性平等，她认为这正是其意义所在：关注他人，认识到人们生活起步时存在的条件差异。

事实上，当人们关注彼此时，冲突往往不会发生，那么就不存在互相原谅。但是一种完全没有冲突的生活既不可想象也不值得向往，冲突会凸显出双方的差异。在冲突中自我辩护，可以让每个人都向前迈进。

同样也不存在一种完全没有冲突的恋爱关系，因为那不是一种真正的亲密关系。人们经历一段冲突，放下矛盾，然后选择宽恕，乔伊·德纳兰在亲密关系中也经历了这一过程。她和马克斯·黑赫结婚四年，育有两个儿子。作为知名音乐家，用一个老套的词语来形容，他们是行业内的"模范夫妻"。所以当他们离婚时，粉丝们十分不解。

"我认为，对我们帮助很大的是，我们在分开的时候没有发生不愉快的冲突。"他们继续相互尊重、相互欣赏，为了他们共同的孩子保持经常的联系："我认为，许多夫妇在分开时都犯了一个错误，那就是不必要地摧毁双方之间仍然存在的情感基础。重要的一点是，在分手后，不管怎样，都要记得你原本喜欢对方的地方，这也是你可以学习的地方，除非你遭受了虐待或暴力行为。"

由于他们试图继续看到彼此的优点，并且可以原谅对方的不好，所以他们得以重新走近彼此。分开三年后，他们复合了。

但如果双方不明确冲突所在之处，上述的这种情况是不可能发生的。乔伊·德纳兰很早就懂得了这个过程：认识冲突，解决冲突，抽离自我，然后，当你认为对方看到并理解你所受到的伤害时，再去原谅。"我们想共同成长"，乔伊·德纳兰说。"我们并不是完全将过去搁置，它影响着我们的现在。但我们找到了面对这些伤害的方法，向前看，携手共进。这很管用。"

从某个年纪起，冲突已经积累起来了。那么至少放下那些你可以放下的矛盾，就会轻松一些。有些问题无法很快解决，那些现在正处于中年的人可能无法经历那一天：种族主义和男女不平等完全不再是一个问题。但在这一方面，人们也已经取得了进展。中年时期，我们明白很少有事情会一下子好转，但我们可以体会到小步前进的重大意义。

自主

作家希莉·哈斯特维特：抵制陈词滥调

距离我去布鲁克林（Brooklyn）拜访希莉·哈斯特维特（Siri Hustvedt）已经过去好几年了。她带我去顶楼的书房时，我们路过她丈夫的房间，位于下面一层。她丈夫打了个招呼，我简单地回应了他，便快速地跟在了她后面。到达顶楼后，我看到桌子上有一个彩色大脑模型。希莉·哈斯特维特刚写完了一本关于神经精神病学的书：《颤抖的女人》。

后来，我们坐在一楼厨房到起居室过道的两张扶手椅上，谈论她的书时，她的丈夫经过这里，拿来了邮件。不知何时，一辆出租车来了，希莉·哈斯特维特准备坐车前往曼哈顿，她和女儿约定在那里见面。他帮她穿上外套，彬彬有礼地陪我在进门处等待着，直到我的出租车到达。这只是一个短暂的片刻。"我知道她很聪明"，他目光跟随着她，更多是在自言自语而不是对着我说，"但并没有那么聪明"。

　　我喜欢他对她的描述。虽然我只是从她的书中认识她，但对我来说，所有的一切都表明他说的是对的。在拜访期间，我对她丈夫没有太多的关注。我去那里是为了她。我也知道他的一些书，我喜欢它们，但对作为读者的我来说，她有着更大的影响。是她创作的女性形象告诉了我一些关于我自己的事情：《看不见的女人》《着迷的莉莉·达尔》《我所热爱的东西》。但当我将关于希莉·哈斯特维特的文章发表时——文章以他在进门处等待时说的有关她的话作为结尾——一个朋友对我说，"哇，你和保罗·奥斯特（Paul Auster）单独在一起"。

　　他似乎是两个人之中更有名的那个。在这期间，情况可能已经发生了变化，像这种情况也很难去衡量，但无论如何，这对夫妇被认为是德国最著名的美国知识分子夫妇。作家加作家，都很聪明，都很成功，各有各的帅气或美丽；她金发白色皮肤，他黑发深色皮肤。然后是纽约的这栋房子，他们经常在那里接待客人——他们很有魅力，个人的魅力，还有他们在一起的魅力。

　　然而，在公众面前，先是他，然后是她。这是有顺序的。不是为了他，而是为了她。因为在很长一段时间里，人们都是通过他才能注意到她的。现在，我打电话给她，想要和她聊聊她的生活时，我很快就会意识到这样的目光对她来说是多么不公平。她13岁时开始写诗，在学生时代就发表了这些诗。她很早就意识到自己渴望生活独立，成为一名作家。当我问她为什么过了那么久才出版第一部小说，那时她都已经三十多岁了，她的语气听起来有点生气。"我并没有闲着，什么都不干"，她说道，"人们总是忘记我写了一篇博士论文"。

毫无疑问，她走自己的路并不需要丈夫的帮助。但这种形象一直存在：她通过她的丈夫成为现在的她。这与他们两人、与他们的生活方式或他们对自己的定义一点关系都没有；这与一种古老而普遍的陈词滥调相对应。接受这样的陈词滥调总是比形成自己的观念来得容易。作家乔治·桑和露·安德烈亚斯·莎乐美也成为这一陈词滥调的受害者：人们总会先把她们与曾经在一起过的男性联系在一起，著名的弗雷德里克·肖邦和莱纳·玛利亚·里尔克。

希莉·哈斯特维特的故事是关于一位女性从这些陈词滥调中解放出来的故事。她无法接受社会塑造和要求的这些形象，她看到了人们让自己符合这些形象所带来的危险，她也看到了通往独立自主的道路的机遇。

20世纪50年代，她出生在一个似乎充满了陈词滥调的环境中：她是中上层阶级的孩子，她的父亲是研究挪威和美国历史的教授。她是白人，金发碧眼。按照中上层阶级的规矩，女孩必须完美可爱，一定不能大声吵闹，也无须太上进。女孩因愤怒和攻击性而受到了几乎难以察觉的惩罚。她们学会了通过迎合期待和讨好他人来逃避审判。在培养女孩时，人们遵循着这样一个目标："这个古老的目标可以追溯到让-雅克·卢梭对'真正的母亲'的幻想"，希莉·哈斯特维特说。这是刻板印象，让女性很难摆脱自己的角色。弗吉尼亚·伍尔芙将女性的这种形象称为

"家中的天使"。相反，来自工人阶级的妇女和女孩没有受到希莉·哈斯特维特所说的"永远可爱，永远持家的戏剧化形象"的束缚："她们得工作。"

从某个年龄开始，对希莉·哈斯特维特来说是中年，人们对评判的态度会更倾向于要么接受，要么因觉得不重要而置之不理，但希莉·哈斯特维特在小时候就看穿了评判背后的规则。从一开始，她就生活在不同于这种东西的边缘，一种偏离这种规则的地方，这为她提供了必要的距离感。希莉·哈斯特维特的父母来自挪威，她的母亲出生在那里，并跟她讲述了这个国家的情况。她母亲喜欢读书，也读了很多，尤其是小说，她也会给女儿准备书籍。小说里的世界也刺激了希莉·哈斯特维特自己的世界。她是在双语的环境中长大的，至今仍会讲英语和挪威语。她始终与欧洲，与这个另外的世界保持着这种联系。她成长的地方——明尼苏达州位于国境附近，北部紧挨着加拿大。这也是两个世界，即使一开始看起来好像不是这样：加拿大和美国。

高中毕业后，希莉·哈斯特维特去纽约上大学。她年轻，高个子，长腿，看起来感性，容易接近。男性对她感兴趣，追求她。其他年轻女性也有类似的经历，她们总是被男性的关注包围着。"搭讪可以很有趣，但骚扰就是一种折磨。而它们之间的界限不断被跨越。我觉得这让人很不愉快。"

她仍然记得自己在镜子里看到的那张脸，"当然比我今天要漂亮"，但那张脸对她来说是陌生的。"那还不是我，它不符合我心目中的自己：一副更成熟、更聪明、更引人深思的面孔。"也是她后来努力赢得的一副面孔。

在纽约，她学习了英国文学，但并不只是像一个自己从事写作的人想了解别人是如何写作的那样，而是带着对学术的兴趣和理论家的眼光进行学习：还有哲学，艺术，历史。这样一来，她就将自己从一个形象中解放了出来：不仅能够像一个受过教育的资产阶级年轻女性被期望的那样热爱艺术，而且能分析她所热爱的东西，通过批判的眼光与艺术保持距离。保持距离，就像她小时候所学会的那样。

在那段时间里，她参加了一个朗读会。作家保罗·奥斯特已经小有名气，但不算特别出名。她爱上了他，他比她大八岁，结过婚，有一个儿子。这种爱情本可能会是一个陷阱：一个想成为作家的、年轻美丽的女人嫁给一个即将要成为一名成功作家的男人。

虽然她和他结婚了，但她没有兴趣和他做一样的事情，她七年来一直在写博士论文，还继续参加研讨会。在这段婚姻中，她从一开始就自主地生活着。

她的丈夫曾问她："你又不想当教授，为什么要这样做？"她今天说道，她这样做是为了能够在文学和科学之间来回切换。这是一个巨大的挑战，因为与叙述不同，科学需要的是另一种不同的语言，不同的思维方式，但她想完成这一挑战。能将对立的东西结合在一起的人可以不再被限制在一个陈词滥调的形象中，同时也保护了自己，让自己不需过多地适应一个或另一个角色。也许这样的人永远不会完全属于任何一个地方，但这也不是希莉·

哈斯特维特所追求的目标。她想保持自立——作为一名散文家和科普作家。

在她写博士学位论文时，她和她的丈夫没有多少钱。她打临时工，为了"让我们吃饱穿暖"。最后，她的论文长达两百页。1986年5月，她参加了论文答辩，那时她31岁。不久以后，她就怀孕了，生下了女儿苏菲，并开始创作她的第一部小说。四年后，她完成了这部小说。

因为她的博士学位，她得以参加各种会议，包括医学会议，如精神病学、脑解剖学、神经生理学、遗传学和胚胎学会议。她在书中谈到了科学，并将人文学科的质疑特点应用到了自然科学：在她的论文《确定性错觉》中，她抨击了神经科学的思维模式，在她看来，神经科学太过区分心智和大脑、心智和身体的概念。在纽约，她给医生上"描述精神病学"的课：教他们如何描述病人症状。

她实现了自己的目标，成为一个独特的人：在她的论文里，她结合了小说和通俗性专业书籍这两种形式——她的风格不固定，总能出其不意。在实现这种自主性的写作之前，她走了一段很长的路。三十岁的她不可能做到像二十年后的样子。那些关注如此多专业领域的人需要用几十年去进行阅读和思考。

她体验到了摆脱刻板印象是多么困难，但这不单单对女性来说是困难的，对男性来说也是困难的。男性也背负着被期望的压力：他们必须不断地实现人们对男子气概的观念，这样才能不被贬低。当女性为他人服务时，当她们适应、妥协时，当她们微笑、同意时，她们不必感到羞耻。而对男人来说，这就难多了。"阳刚之气不仅仅是由拥有某种生殖器来定义的。如果男人不够强大和有责任感，那么他们马上就会被认为太娘。"

因此，两性都被困在各自的道路上：对于他们来说，坚持自己的个性并过上自主的生活都很难。在理想化的世界里，女性是年轻的，男性是不老的，所以男性可能终生都被限制在男子气概的理想形象之中，而女性则有机会摆脱性别的束缚。希莉·哈斯特维特认为："我个人觉得，不用受到男性的关注是一种解脱。"她说："到了中年，许多女人不再担心男人对她们的评价，也不再担心人们怎么想她们。"

五十岁时，她意识到自己有了从未有过的权威，人们会倾听她的声音。她说了一句不太容易翻译的话："大门为成熟女性敞开。""整十岁的生日一般都会庆祝。我记得我五十岁生日聚会的时候有种强烈的幸福感。我进入了一个新的十年，这让我感到很开心。"她觉得自己一直还很年轻。"那时的我知道，我还有很多时间。那是一个重要的时刻。我比以往任何时候都更清楚，我可以用我一直想要的方式完成我的工作：阅读、学习和写作。"

对希莉·哈斯特维特来说，中年已经过去了。1955 年出生的她已经在思考她七十岁的生日，那时的她还能够做什么。"即使我还能活很久，我过去的日子也比我未来的日子多。"她的父母都已经去世，她的母亲最近刚离开，享年 96 岁。在生命的最后几年，她母亲患有老年痴呆症。

"这个病来得很慢，一直到她九十岁生日才发作。她也保持了自我，保留了她的个性、她的品质。她记得自己的过去，记得父亲、母亲、孩子和孙子孙女。她只是不记得我之前说过什么。她曾经是一个很爱好读书的人，但她不知道她在前一刻读过什么，所以她记不得故事，也联系不起来。我常常在想如果我再也无法阅读了会是什么样子。那将是一场灾难。"对老年痴呆症患者来说，自主已经不存在了。

她说，她希望自己能尽可能长时间地保持阅读和思考的能力。因为"这些努力"让她快乐。

关怀

老年护理助手奥尔佳·施密特：关怀的力量

奥尔佳·施密特（Olga Schmidt）观察即将死去的人的状态，发现他们不愿再进食，脸变得更尖了，嘴和鼻子之间的三角区的皮肤变浅了，手指看起来变长了。这就是她的经验。奥尔佳·施密特在老年人的病房工作了很长时间。

他们中的一些人知道自己的生命很快就会结束。"奥尔佳，我的时间差不多了"，一位老妇人曾经对她说。几天后，奥尔佳·施密特上早班，她将盛有早餐和药物的托盘送到了老妇人的房间。这位老妇人说，她想先洗个澡，然后去理发店，但不用带午餐给她了。当奥尔佳·施密特问她是否想在下午躺一下时，这位老妇人回答说："不，我不会在刚做完头发后就把头发弄塌"，并请奥尔佳坐下来陪她一会儿。奥尔佳·施密特坐到这位老妇人旁边，老妇人紧握着她的手说："谢谢。"此外就没有发生别的事了。

下午，在轮班结束前，奥尔佳·施密特再次查看了房间。那个老妇人坐在沙发上，和之前一样保持着同一个位置。她才做了发型，头略微向一侧倾斜。她死了。"她没有自杀。她为死亡做好了准备。这种情况是有的。"

奥尔佳·施密特是一个声音柔和的优雅女人。她坐在家中的书桌旁和我讲述这个故事。她和她的家人住在石勒苏益格-荷尔斯泰因州（Schleswig-Holstein），她的丈夫是当地一所小学的公寓管理员，所以全家人都住在管理员的房子里。奥尔佳·施密特的房间成了诊所。她在这里做手足护理，墙上挂着证书，表明她已经学过这一门技术。她只是将此作为兼职。例如晚上，她有时会在附近寻找很少花时间做护理的老人。为他人承担责任会让她感到幸福。当她给来她家的老人锉指甲时，她便开始和他们聊天。奥尔佳·施密特说："他们有很多要说的话。"通过这些对话，她很好地了解了她如今生活的这个国家，甚至比出生在这里的人更清楚一些事情。当他们被触摸时，当他们能够整洁地回家时，老人们也感到很开心。

奥尔佳·施密特来自哈萨克斯坦。有时她也会因为德国人对待年迈父母的方式而感到惊讶。"他们几个星期都不来探望。有时长达数月。他们不会将濒死的老人接回家。'我还得工作'，他们如是说。"不过，她知道，无知或冷酷并不总能代表孩子们的行为。孩子们大多离他们过去成长的地方很远。当父母年迈时，他们已经到了中年，扎根在了别处，在工作中面临着挑战，一般还有小孩。

也有一些理论认为，在德国，纳粹主义和战争仍然影响着"战争儿童"[1]，即今天的老人，与他们的孩子，"战争子孙"[2]之间的关系。作者萨宾娜·博德（Sabine Bode）出版了几本相关的书籍，如《被遗忘的一代》。她写道，人们在中年时原本很喜欢与父母打交道，但他们却觉得与他们的见面有一种奇怪的疲惫感。创伤（内疚也会造成创伤）代代相传，受害者甚至都没有意识到这一点。

有时，子女也会承担起照料父母的责任，并且双方关系都朝着对彼此有利的方向发展，或者已经很好的关系有了一个特别美好的结局，尽管出现了各种与衰老和照料相关的危机。但是给自己父母擦洗、喂食、上尿布、翻身，关注医疗和组织方面的事情，让人很清楚他们的角色是如何颠倒的；不是每个人都能受得了，而在一个富裕的国家，人们不必非要忍受这样的事情。如果有人能提供外部帮助，通常会更好。距离有助于亲子关系的处理。

奥尔佳·施密特 1974 年出生于苏联的一个小村庄。在她还是个孩子的时候，她就喜欢与老人打交道，她会步行 25 公里去看望她的祖父母。她想成为一名医生，但当她中学毕业时，苏联解体，哈萨克斯坦独立，一切都改变了。在苏联，父母本不必为孩

---

[1] 指出生于 1928—1946 年的人——译者注。（如无特殊说明，本书脚注均为译者注，下同。）

[2] 指出生于 1960—1975 年的人。

子的教育买单，但现在需要了，奥尔佳·施密特的父母无法资助
她读医学，因此她去了一家工厂当纺织工。

19 岁时，她嫁给了 16 岁时认识的那个男人。他是俄裔德国
人，于 1994 年离开哈萨克斯坦前往德国。由于她本身没有德国
血统，一开始她不被允许同他一起回德国，但她通过旅行的方式
跟着他。她怀孕了，不能跟着上飞机，于是她坐火车：经由莫斯
科和加里宁格勒到柏林，然后从那里乘巴士到汉诺威。在她到达
收容所后不久，她的孩子出生了。后来，他们设法留在了德国，
搬进了一套有三个房间的公寓。不久，她生了第二个孩子。她在
家待了五年。她有很多事情要做，虽然她不会说德语，但她想了
解住在这里的人。

奥尔佳·施密特会思考人际关系，喜欢发展新的关系，她知
道良好的接触会促进双方感情。在一个新的地方建立关系有助于
融入那里，让她有回家的感觉，她甚至可能在那里扎根。发展关
系可能会失败，但也可以从中学习到一些东西。

她刚开始做养老护理助手时，在养老院还有时间与老人们玩
游戏，给他们修指甲，和他们一起挑选他们想穿的衣服，并与他
们深入地交谈。那时，即二十年前，老人们很早就去了养老院。
他们有能力自己照顾自己，他们想趁自己身体还不错的时候来到
新的地方。如今，老年人试图借助上门护理服务在家里待很长时
间。他们一般只会等到身体已经很虚弱的时候才去养老院，因为
他们知道，这里的护工能为他们服务的时间越来越少。奥尔佳·
施密特从一个房间跑到另一个房间：给卧床不起的老人擦洗和翻

身，给他们吃药，然后继续不停地跑。"有些人认为我们所做的工作也可以由机器人来完成。"她说道。

奥尔佳·施密特对这一职业有着不同的看法。此外，护理职业的研究也提出了更高的标准。夏里特医院医疗学院教育管理总监玛丽安妮·拉贝在她的讲座"护理与自我护理是护理伦理的基本方向"中强调了这两个方面的紧密联系：需要帮助的人应该被视为"个人伙伴"，要鼓励他们做任何自己还能做到的事情。护理不应是管束，而是要为患者找到最佳方式。此外，即使是看护者也不应该牺牲自己，而应该划定明确界限。这关乎的是真实的关系，以及在这些关系中保持真实。

身体需要照料，但一个完整的人需要的不仅仅是食物和不断变化的躺姿。他需要触碰、交流和共情，这样老年人才会觉得生活仍然是值得的，年轻人也了解了他们在和谁打交道。对大多数人来说，意义只在联系中产生，这适用于看护者本身，但最主要的是适用于老年人，也适用于那些心智能力正在下降的人。

"人的条件"（conditio humana）这一概念表示人类共同的基本情况；它包括脆弱是人类的一部分这一观点。护理是社会运转的基础。

奥尔佳·施密特总能享受到工作的乐趣。但是当老人们不得不长时间等待她的时候，她感到很遗憾。而她拿的薪水也无法像她认为的那样合理，去养活家里的三个女儿——不管怎样，她工作很多，也很辛苦。

社会工作的职业被称为"女性的职业"。其原因要追溯到很久以前。玛丽安妮·拉贝引用了 1901 年的一份历史文件："从原始的天性来讲，男性拥有一切，除了无私。男人是利己主义者，也应该是利己的——他有自我，有自己的个性需要表达和维护。而女人注定要收回自己的个性，忘记自我，为他人牺牲自我。为此，只有她值得拥有无私的奖章。大自然已经将这种奉献的角色分配给了女人：它从一开始就将女人的思想和追求引向无私和忘我。"

如果说 19 世纪的女性可以接受教育，那就是在新的社会工作领域。工业化创造了就业机会，但也带来了贫困。家庭被拆散，因为家里的一部分人去了城市的工厂工作。未婚女性不能再在农场或手工作坊工作，她们必须自己养自己。而当护士、当幼儿园教师就可以做到这一点。这些是为那些女性准备的职业。她们错过了从社会角度来说很重要的东西：婚姻。所以，她们"赚得"其实也没有那么多。

20 世纪上半叶，对于家庭背景相对更富裕的年轻女性来说，学一门职业技能也变得更加普遍。可以说，是他们的父母使他们有机会接受这种培训。年轻的小伙子被允许上大学，女儿们也有了受教育的可能性。如果作为一名女性能学习一门职业技能已经是一份特殊的礼物，那么她们就不必有这么高的报酬了。

今天，人们常说，女性不应该学习社会工作专业，而应该寻求一种能让她们赚更多钱的教育。通常，衡量工作者价值的标准是看他们是否飞黄腾达，而不是他们承担了什么工作。然而，老龄化社会需要从事社会工作并乐于从事这样工作的人。如果有更多的男性从事这些工作，他们的价值就会更高。几十年来，女性在社会工作和教育职业中的比例一直高于70%。照顾家人的工作也主要由女性负责，照料者中四分之一是女儿，十分之一是儿子。

在担任护理助手的最后一年，奥尔佳·施密特患上了椎间盘突出。她在工作中抬了太多沉重的身体。此时她四十多岁，知道自己的生活需要一些改变。于是，她决定参加加护病房护士的培训，这是一种医疗服务职业，是她一直向往的，而且报酬更高的工作。

其他与奥尔佳·施密特一起开始培训的人和她的孩子一样大。由于奥尔佳·施密特照顾了这么多病人和垂死的人，她在培训的第一年就注意到，上级对她有多么信任。她说，她并没有被视为初学者。

这一培训对奥尔佳·施密特来说是一个新的开始，和她生活中许多新开始一样。但这一开始建立在她已经拥有的许多东西上：她会说德语，她会护理，她有家庭，孩子们也都长大了。这是她生命中最简单的一次新开始，这一开始也代表着一种结束。她不仅使自己摆脱了一个无法解决的冲突，即希望留给老人更多的时间，但无法抽出时间的冲突，而且可以通过培训给自己更好的保障。在德国这样的专业劳动力市场，接受培训总会更好。奥尔佳·施密特经历了两次国家结构性问题，虽然是完全不同的方式：大的一次是苏联解体，小的一次是德国持续性的护理人员短缺。面对这样的情况，她必须建立起自己的结构，她也做到了。

从大的层面看，如果一个社会能够洞察"人的条件"、"人的脆弱"，并构建一个能够给予适当关怀的组织结构，那么就能够证明它的成熟性。从小的层面看，当一个人能关怀他人并对自己负责时，他就成熟了。毕竟，只有在满足两个标准的情况下，才有可能实现真正意义上的关怀：了解自我，从而尊重自己的极限，同时也要能够放下自我。这两个标准都是成熟的标志，只有当一个人能够接受这样的冲突时才能真正成熟。有些年轻人出奇的成熟，是因为他们在没有任何保障的情况下活了下来。而大多数人在中年才变得成熟，有些人则永远无法变得成熟。

到目前为止，奥尔佳·施密特的生活都被工作填满了，未来也会继续如此，因为她喜欢工作，她必须挣钱。但恰恰是在护理工作中，她认识到，必须要有一些时间来为自己考虑。人到了中年，再也不可能靠卖力来获取所有东西了。如果你自己筋疲力尽了，就无法再关心别人了。她的孩子们现在都已经走上了各自的道路，所以比起全家人刚来这里打拼时的那些年，她现在有更多时间可以用来思考自我。

她在哈萨克斯坦的婚礼并不隆重。在婚姻登记处走完一个快速的仪式，她便成为施密特夫人，没有婚纱，没有宾客，也没有庆典，因为她和她的丈夫负担不起。而如今，在她中年的时候，她再一次嫁给了同一个男人，这期间也从未与他分开过。那天是他们结婚二十周年纪念日，吃早饭的时候，孩子们禁止她进入厨房，让她在外面等。而通常只有在生日的时候才会出现这样的情况。后来，她被叫了过去，桌子上放着一个蛋糕，三个女儿和她的丈夫围在一旁。当着女儿们的面，他问她这次是否愿意在教堂里穿着漂亮的衣服，举行盛大的宴会，再嫁给他一次。这一次，不再是围绕其他人，而是她自己。

为母

作家伊娃·梅纳塞：认清自我局限的幸福

在通往伊娃·梅纳塞（Eva Menasse）公寓的路上，有一所学校。学校前的广场上，不仅有女人在等着孩子们，也有男人。21世纪初实施的父亲育儿假给家庭关系带来了一些改变。

如何做父母亲，也取决于孩子们的年龄大小、社会普遍认知、政策的调整。近年来，很多事情都朝着更好的方向发展了：传统角色受到质疑，有更多的托管服务，国家和社会提供更多的支持，禁忌更少了。不过，禁忌还没有完全被克服。人们不愿谈论与孕产相关的一些事情，因为这涉及羞耻、痛苦。

伊娃·梅纳塞三十出头，她认为现在是生孩子的好时机。她结婚了，身体很健康，也没有想过会出现什么差错。当验孕棒显示出明确的结果时，她去看了她的妇科医生，一切看上去都很正常。有一次，她的小腹像刀刺般疼痛，随后疼痛感又消失了。当她第二次去看妇科医生时，医生试图通过超声波机器在她的小腹检测胎儿，却没有找到。医生说道："回家吧，如果再感觉到不舒服就去医院——或者最好马上去医院。"

伊娃·梅纳瑟复述了医生的原话，她的语气听起来温和而悦耳。我在想，当时医生的声音一定听起来很不一样。伊娃·梅纳瑟是维也纳人，而医生诊所在柏林的舍内贝格，伊娃·梅纳塞当时住在那里。

伊娃·梅纳塞的第一部小说和所有其他小说都是在柏林创作的。在这里，她并不完全有回家的感觉，但她感到舒适和自由。她于1970年出生在维也纳，二十多岁时离开了那里。她有她离开的理由。她们家几代人都在那里生活；父亲，哥哥——他们在城里很有名，在那里有自己的故事。但伊娃·梅纳塞想要在她自己的城市里书写自己的故事。

在维也纳，她的父亲汉斯·梅纳塞（Hans Menasse）还是个犹太孩子的时候从纳粹手中被救了出来，并于1938年通过一辆"儿童转运计划"（Kindertransport）专列被带到了英国。战争结束两年后，他回到了维也纳，加入了维也纳足球队。1955年该俱乐部夺得冠军，汉斯·梅纳塞成为国家队的右边锋。她的哥哥罗伯特·梅纳塞（Robert Menasse）是一名作家，比她年长十六岁，早年已经取得了成功。

伊娃·梅纳塞笑着说道，她的妹妹是一位"全城闻名的美女"。她的母亲在谈论到两个女儿的时候会说："我有一个漂亮的女儿和一个聪明的女儿。"伊娃·梅纳塞是聪明的那个。她个子很高，腿很长，有一头深色的卷发——对她们俩来说，无法合二为一是不公平的。

她当时从医生诊所就近去了附近的医院。那是一家专科医院，针对的恰好是她面临的问题——她患有宫外孕。"当我从麻醉中醒来时"，她说，"外科医生正向我弯着腰，用一种近乎得意扬扬的语气对我说：'你是我这些年来碰到的第二严重的病例。'"然后，病房里"一位非常友好的亚洲医生"来到她的床前，说她还年轻，她应该继续尝试。后来，她又怀孕了好几次，每一次都面临危险，总是会出现一些意外情况。

"谈到女性主义，人们常常会说到一个观点，即女性应该被允许做所有男性理所当然可以做的事情，如果她们有能力的话。例如，被任命为监事会成员，进入董事会。"伊娃·梅纳塞说道。但是当谈到只有女性才能做的事情，例如生孩子时，那就缺乏参考了，即使涉及无法怀孕或难以怀上孩子的女性。"我认为女性运动至今都在回避这个话题。"

美国记者艾瑞儿·莱维（Ariel Levy）在接受《法兰克福汇报》的采访中谈到了她的自传《无从适用的规则》（*The Rules Do Not Apply*）。书中描写了她自己的流产经历，她表示，女性会有一段时间不想谈论自己的身体，不想谈论生育，她们呼吁："把关注点放在我们的智力层面上。"然而"生育"这项在古代被工具化的能力，是男性根本无法拥有的、女性独有的能力。对作家或艺术家来说，不论男女，所有的经历都可以成为创作的主题："不能单单因为这件事会令人反感或者是女性话题，就不写了。

我们越是把这些事情当作有必要去谈论的话题搬到台面上，那么我们就越不会觉得这件事有多隐秘，还必须要遵循'专家'所说的话。我常常听到女人们心情轻松地谈论，某人在电台里聊到了自己的流产经历。那时我就会心想：对呀，我们为什么不承认这是一件大事呢？这是我人生中最有影响力的经历啊。"

艾娃·梅纳塞面临生育困难，她同样把这件事写进了文章中，并在《明镜》（Der Spiegel）杂志上发表。文章发表的那段时期，德国政界对于"胚胎植入前遗传学诊断"技术存在争议，而这篇文章几乎从头到尾都在从政治角度进行论证。她对这项具有争议性的技术表示强烈支持，至少对于那些患有遗传疾病或携带致残基因的夫妇来说，如果没有这项技术，那么母亲就不得不将极有可能患有严重的遗传疾病的孩子或死婴生下来。一直到文章的最后，作者才简短地提到了她自己的命运。艾娃·梅纳塞一直关注着政界对此话题的看法，比起她个人的命运，她觉得这更重要。

让她很烦恼的一点是，她所不具备的"能力"，是其他女性拥有的。人们过去常常把生育能力视为女性力量和价值的体现。哪怕是女王，如果没有子孙后代，也会被抛弃。艾瑞儿·莱维写到流产带来的深切痛苦，而这种痛苦几乎不存在什么解决办法。因为除了失去孩子的痛苦之外，流产往往还意味着人生偏离了既定的轨道。所谓"既定的轨道"也就是社会上所认为的通往大部分幸福的道路："谁的人生能按照既定的轨道过下去——结婚、财产、孩子、性体验，谁就会幸福。"美国作家丽贝卡·索尔尼特（Rebecca Solnit）在她的《所有问题之母》（*The Mother of All Questions*）中提到了这点，她还补充道："不出一秒，你就会发现无数的人拥有了上述所说的一切，但是仍然不幸福。"索尔尼特在文中写到，女性总是被问到有没有孩子或者为什么没有孩子，有时甚至还会被问到还想不想要或者是否曾经想要过孩子。她表示："基本上这些问题是从一种假设出发的，那就是女性只有一种正确的活法。"

这些问题揭示了一种在历史积淀下形成的思想，也就是父系社会的思想，其中诞生了一种角色和思维模式。任何提出这样问题的人都认为这是正确的，就他们所获得的认知而言是正确的，但是他们同时忽略了，在这些问题答案的背后往往隐藏着巨大的痛苦。在德国，几乎每十对 25—59 岁的夫妇中就有一对不能生育，2008—2018 年间，这一数字从 17% 增长到了 21%，而这些人当中，有大部分人把这一问题看作忌讳或者缺陷，并且女性居多。

波恩大学医院妇产科心身医学教授安可·罗德（Anke Rohde）列出了一整个系列的"不孕症伴发的心理影响"：悲伤、抑郁、沮丧、内疚感、愤怒、自信心破灭、认同问题、对自我人生计划的失控、夫妻关系和性生活以及社交生活的变化、逃避与孕妇以及年轻家庭的接触。

即使完全没有生育痛苦，没有想要孩子的愿望，也没有人愿意不停地解释为什么他或她没有孩子。这是一个私人决定。

伊娃·梅纳塞也受到这些问题的困扰，会面临其他人的惊讶反应以及可能出于鼓励目的的话语，但用她的话来说，那些话语对她具有"摧毁性"的效果。其中有这么一句话："在我们家，我们生孩子就从来没有遇到过什么问题。"她花了很长时间才摆脱这些话语。她说她都因此衰老了。"这恰恰是你最后才领悟到的：许多人的意思并不是你最初理解的那样。"在她其中一部小说里，她讨论了视角问题，从那时起，她能更宽容地对待其他人所说的话。她43岁时写了《准晶体》。这本书从不同的角度讲述了主人公的生活：从主人公本人的角度，以及从一个爱上这个主人公的男人的角度。视角不同，情况也会有所不同。

伊娃·梅纳塞的儿子出生于2006年，当时她36岁。在那之前，她已经能够放下一点执念，对自己少一点指责，于是，她最终考虑人工授精。可就在这时，这个孩子突然降临，就这么来了。后来她又一次怀孕了，而且又出了意外。"那时我就明白了：现在该结束了。我不能再让我的身体承受任何问题了。"伊娃·梅纳塞说道。"告诉医生'是的，把另一根输卵管也切了吧'，这是一个糟糕的决定。那种感觉就像被阉割了一样。我再也感受不到身体上的完整，并且花了好一段时间才恢复到以前的状态。"

今天，她似乎对这个决定很满意。她很享受做妈妈的乐趣，但不再为不能生育更多的孩子而感到痛苦——相反："当我姐姐不久前又生了一个孩子时，我开心极了。孩子太可爱了，给我们每个人都带来了欢乐。但同时我也注意到：尿布、呕吐、乳头发炎、彻夜未眠——我很高兴，这些对我来说已经过去很久了。"

这种感受很棒：我实现了一个愿望，现在也觉得不错。我处在生活的新阶段并发现其中大部分决定是正确的。

并非所有女性怀孕的过程都像伊娃·梅纳塞那样坎坷，但她的经历真真切切，而且当报纸和新闻网站上充斥着关于怀孕毫无难度的女性故事时，要谈论此问题并不容易。

对大多数女性来说，拥有孩子是很幸福的一件事。但做母亲并不是幸福生活的条件。这也是加拿大作家希拉·赫蒂（Sheila Heti）在她的《母性》一书中所写的内容，书中第一人称叙述者"我"寻找着她是否应该生孩子的问题的答案："生一个孩子看上去很不错。而如果一个人没有孩子的话，就有了一个生育任务。我知道我比大多数母亲拥有更多。但同时我也拥有得更少。在某种程度上，我一无所有。但我喜欢这样，我不认为我想要一个孩子。"对于第一人称叙述者，"我"保留了自己的决定。

做母亲也会让人变得敏感：担心孩子可能会发生什么事，因在家的时间太多或太少产生内疚感。在德国这样的文化中，受母亲神话的影响，女性几乎是完美形象。芭芭拉·范肯（Barbara Vinken）教授在她的《德国母亲》一书中谈论了这一问题。作者克里斯蒂娜·比洛（Christina Bylow）和克莉丝汀娜·瓦利恩特（Kristina Vaillant）在她们的《被背叛的一代》一书中证实了这一点："母亲常常处于监督之下，单单是做母亲这件事就会让女性'坐上被告席'。如果一个女人做了全职妈妈，那么职业女性则会指责她又傻又懒。而如果她选择全职工作，那么孩子们又会被视为受害者和社会潜在的问题儿童，从而受到人们的关注和同情。显然，人人都可以约束一个母亲。老师们指责职场妈妈没有足够的时间陪伴孩子。心理学家和儿科医生——其中的专家都是男性——总是向市场输出新的指南和'诉状'。这些专家在发行的数百万册书中对母亲进行指导，就像沃尔夫拉姆·西贝克（Wolfram Siebeck）曾经以美食作家的身份教德国家庭主妇一样。荣耀属于那些在日常单调的教育和家务工作中像恒星一样盘旋在高空的指导者，而真正的工作属于女性地勤人员。"

不管女性有没有孩子，她们都有错。丽贝卡·索尔尼特写道："如果你看到母亲一直被描述为有欠缺的人，那么你会怀疑女性到底还有没有一种'正确的（生活）方式'。"法国女性主义者和哲学家西蒙娜·德·波伏娃在其 1949 年出版的著作《第二性》中就指出了，女性一直被认为是"不完整的"——因为她们没有阴茎。

当孩子们终于搬出家的时候，母亲与孩子们告别，这是对充实的人生阶段、对自我认识的告别，但这也意味着和作为母亲必须不断满足高期望、必须遵守规范的感受说再见，也意味着获得自由和时间。所谓的"空巢综合征"，因母亲在孩子离家后的孤独感而得名，并没有想象中那么普遍，它影响的往往是那些主要通过母亲角色来定义自己的女性。巴塞尔大学的帕斯夸利纳·派利哥-凯艾罗发现，大多数母亲都能积极地看待孩子搬出去的情况。将孩子们顺利带上他们自己的道路也会让母亲感到自豪。

许多女性的孩子都是在她们中年时期搬出去的，因此这预示着她们即将开启一个新的人生阶段。伊娃·梅纳塞的儿子还要在家里待几年；但是生孩子的折腾过程现在已经过去了，因为她能够认清自己的局限，放下对某种生活方式的渴望。她也获得了自由。她可以专注于她的儿子、她的工作和生活中的美好事物。

　　她问了自己几个关键问题：什么是对我真正有益的？我需要什么？我可以有什么样的期待？她也学会了避开其他问题：我必须成为什么样的人？我应该做什么？我要满足哪些期望？她表示，新的生活阶段以及做母亲的经历让她变得通透了："我可以更好地分辨我应该做什么和不应该做什么了。"伊娃·梅纳塞所提到的视角转变不仅仅在人与人之间是可能的。她已经学会了权衡——并将其作为一种联想活动（Gedankenspiel）推荐给大家——她自己想要什么以及社会基于传统和角色形象对女性的期望是什么，哪些与她自己的愿望一致，哪些不同。

成就

医生兼演员克里斯蒂安妮·保罗：通过认可获得解脱

要求伴随着我们的一生，有来自外部的要求，但也有我们对自己的要求。我们对自己有什么样的要求取决于许多因素：举一个例子，我们的出身背景。

我们在中年时坚持或放弃了哪些要求也取决于许多因素：我们是否找到可以实现自我要求的一个框架，我们是否有幸在自己能够实现的方面得到肯定，我们是否在某个时刻发现我们为自己设定的目标过高，甚至有害。无论如何，那些即将年满 50 岁或已满 50 岁的人知道哪些要求可以实现，哪些不能实现，并可以尝试找到面对这些要求的态度。

克里斯蒂安妮·保罗（Christiane Paul）在中年时期找到了对待自我要求的态度，现在的她知道自己想要实现什么，不想要什么。多年来，她做着两份工作："我花了很长时间才决定是做医生还是做演员。"她说道。如果人们像她一样，认真、充满热情地做每一件事情，就会更好地了解这个世界，扩宽自己的视野。但在某些时候，人们也会达到自己的能力极限。克里斯蒂安妮·保罗不得不做出抉择。

效益已经成了一个矛盾的概念。我们生活在一个讲究效益的社会中，效益几乎是衡量一切的标准，即使在爱情中也是如此，以色列社会学家伊娃·易洛斯（Eva Illouz）在她的几本书中谈论了这一问题，例如《资本主义的情怀》中。近几年的这股女性主义潮流深受效益思想的影响，对此，Facebook 的女高管雪莉·桑德伯格（Sheryl Sandberg）写了一本有代表性的、富有影响力的书：《向前一步》。然而，正如杰姬·托马埃（Jackie Thomae）在本书"男人"一章中所说，在生活的各个领域都必须展现"美"（bella figura）的这一要求也会导致一种不负责任的压力。尤其是在中年女性中表现出的高倦怠率证实了这一点。由于女性和男性大多仍停留在传统角色中，这往往让女性更辛苦。统计数据显示，她们在照顾孩子和年迈的父母方面付出更多。

此外，当女性想要孩子的时候，她们承受的压力也更大："对女性来说，时间总是在不断流逝。而男人显然生活在一个有着无限时间的王国里"，希拉·赫蒂在《母性》中写道。"时间跨度大约是 30 年。似乎在这 30 年里——从 14 岁到 44 岁——女人必须完成一生中所有的事情。她必须找到一个丈夫，生孩子，找到自己的事业并取得进展，防止生病，并在个人账户中存下足够的钱，这样她的丈夫才无法败光她一生的积蓄。"

与此同时，人们开始强调放松的重要性，"正念"或"自我照顾"等术语被越来越多地使用。然而，认清我们自己的能力也可以带来幸福感。我们看到，我们能够构建社会，塑造我们自己的生活，发现自己新的面貌。

克里斯蒂安妮·保罗是骑着自行车过来的。她经过勃兰登堡门，在路易森街拐弯，途中也经过了夏里特医院。这是柏林最古老的医院，拥有 3000 多张床位，是欧洲最大的大学医院之一。超过一半的德国诺贝尔医学和生理学奖得主都来自夏里特医院。

克里斯蒂安妮·保罗在夏里特医院担任外科医生，她的两个孩子也是在这里出生的，其中，第一个孩子出生于她再次获得博士学位后的头两周。如果不是 1989 年柏林墙倒塌，1974 年出生于东柏林医生家庭的她，就不会成为一名演员："我会学习医学，不会像我在东西德统一后那样去兼职拍电影。我一直都同意这样的观点，即一个人应该只从事自己接受过相关培训的职业。即使我拍了很多电影，我有很长一段时间也都不觉得自己是个演员。"

在民主德国，高标准不仅存在于体育运动，也存在于艺术领域。在艺术领域，东德能代表最高水平，同时也试图以此证明其黑暗面的合理性。总的来看，西德恰恰受益于东德艺术领域的高标准。1989 年之后，任何想成为演员、想要在此领域有所作为的人都得和科琳娜·哈福奇（Corinna Harfouch）、凯瑟琳·塔尔巴赫（Katharina Thalbach）、乌尔里希·穆赫（Ulrich Mühe）、亨利·赫布钦（Henry Hübchen）或达格玛·曼泽尔（Dagmar Manzel）较量一番，而东德的女演员和男演员都是整个国家最好的。

　　不排除高标准也起到了一定的支撑作用，许多东德艺术家们在联邦共和国都坚持了高标准。因为在短短的时间内，整个国家消失了，过去生活里的种种事物都失效了。突然之间，市场经济被视为更好的制度，社会主义被视为失败；西德被认为是进步的，东德被认为是落后的，这影响了许多在东德长大的人对自我形象的判断。他们中的一些人因为这样的变化而感到十分不安，以至于迷失了方向，而另一些人则尝试追求"高成就"。

　　因此，"高成就"也可能源自不安感，它被一个永恒的问题所推动：你所做的，真的足够多吗？克里斯蒂安妮·保罗对自己足够诚实，她承认正是这种不安感刺激她取得了人生的成就。对她来说，这不单单是东德政权的垮台给她带来的影响，早在青少年时期，也就是民主德国还存在的时候，她就有种不安感："我的兴趣和别人不一样。我从来不听流行音乐，后来我不得不训练自己这样做。我更喜欢阅读，是古典音乐伴着我长大，后来当我走出去，我发现自己跟不上同龄人的想法。我一直以为是我错了。"

　　高中时，克里斯蒂安妮·保罗的这种情况有所好转，因为她找到了一个可以分享兴趣的亲密好友。这位朋友对政治的兴趣不亚于克里斯蒂安妮·保罗，她曾在瓦解的东德担任"鼓动者"（Agitator）。

　　如果你今天试图想让克里斯蒂安妮·保罗说自己是一个"女性鼓动者"，这只会是徒劳。她会回答说，东德不存在"女性鼓动者"的说法：女人做了医生或工程师，女学生做了鼓动者——

她们并没有因此而感到自己不够女性化了，或不那么受到重视了。对她而言，许多西德女性感受到的这种形式的压力，即必须证明自己可以像男性一样做好某件事，是陌生的："我从未感受到性别的限制。"

克里斯蒂安妮·保罗说，她的父亲很早就注意到她还对表演感兴趣，并在她 11 岁时让她关注到一次选角机会。虽然试镜那个角色并没有成功，但后来她得到了一份"画外音演员"的工作，也就是给电视图像配画外音。17 岁时，她获得了她的第一个电影角色，那是在她高中毕业之前。

大约在同一时间，她和她的朋友发现了西德女性杂志。"就是在那时，我开始考虑做一名模特。我想向我自己证明，我是有价值的。"

作为数千名女孩中的一员，她报名了一场选美比赛，其中有二十名收到了邀请。比赛前三天，她接到电话说有一个女孩退出了。"我的整个职业生涯都归功于那次机会。"

她因为拍摄照片第一次出国，却很快感觉到了时尚界的"冷酷无趣"："许多模特都很瘦，有些人隆了胸，脸上也植入了硅胶假体。我感觉，在那个世界里并不能够让自己获得更多的安全感。"

相反，她在学医的时候有了安全感，这不仅仅是因为医生职业为她开创了光明的前途，而且因为这是一个她从家庭里了解到的世界。而演戏，这个没那么熟悉的世界，对她来说是更大的挑战。

她乐于进取，自我要求高，因为她的兴趣是绝对的。她不会在谈话中跳过任何话题，她考虑周全，但她从不自以为是地进行争论。她有着好奇心，乐于接受不同的刺激和想法，并能迅速处理她所遇到的事情。好像对她来说不存在表面的东西，一刻都没有。因此，她的乐于进取源于一种兴趣，教育者和心理学家称之为"内驱"（intrinsic）———一个难以翻译的词，"发自内心"也许是对它的最佳描述。

随着她在医学和表演领域不断地深入，她越来越意识到每个领域就其本身而言都是绝对的。只是问题在于这两者她都喜欢。作为一名外科医生，她本来要到早上七点才开始工作，但她六点多一点就来到诊所，目的是和护士一起吃早餐，喝第一杯咖啡的时候能听听病人的情况。她发现在手术室里的合作就像与电影摄制组或剧团一起工作一样高强度："大家在手术台前一起站好几个小时，一起经历手术所有的起起落落。大家的身体靠近彼此，同时精神上也完全相互依赖。这是纯粹的团队合作，所有的一切都交织在一起。但是你必须有强大的精神力，你需要有高度的安全感，你必须在每次下刀时做出决定。"

她发现自己要告别一个世界，转而去另一个世界越来越难。"你站在病人或同事面前，不得不跟他们解释，你因为一个戏剧现在要离开三个月。那可行不通。"

当克里斯蒂安妮·保罗与某些导演合作时，她注意到他们的要求与首席外科医生一样高。当她最终与东德演员乌尔里希·穆赫一起在剧院演出时，她突然做出了决定。"那时我清楚地意识到我必须走另一条路。"穆赫的要求也是绝对的，她描述道，但正是他的温暖让她觉得自己来对了地方。

尽管如此，她还是怀念当医生的日子："这种情况持续了很久很久，到今天才好转。"她也怀念医生这份职业，因为做演员涉及的不仅仅是纯粹的成绩："你必须常常在选角和重要活动中推销自己。你必须用某种方式去取悦人们。这种运作模式与我在医学领域的经历完全不同，在医学行业，重要的只是你取得了什么样的成绩，魅力并不重要。但在演员行业不一样。"

除了要决定接受还是拒绝一个角色外，演员还要思考很多问题：公众应该或者可以占据什么样的空间？哪个角色可能不会让你有进一步的突破，但演员阵容很有趣，还有导演。"你从事这份职业，你就是一个投射面。必须是这样，但我也总是要问我的极限在哪里。"

对于女演员来说，没有什么与手术计划可以对应得上的地方。演员只有一个计划，而且必须完全量身定制，最好由演员自己制订。不过，做医生的工作经验帮助她作为一名女演员为自己去设计这样一个计划。因为医学需要严谨："除了我脑子里所有的这些创造性的胡思乱想之外，我还会以目标为导向，以解决方案为导向。"

每部电影、每一个角色都需要不同的东西，克里斯蒂安妮·保罗说道。即使是小角色也具有挑战性。她讲到了一部电影，她在其中扮演一位虐待孩子的单身母亲。她说，进入这个角色让她很痛苦。"这指的不是我自己或什么事情，而是处于那种情况下的人物。那一刻对你的冲击很大。为了能够符合角色，能够真诚真实地演好它，你必须完全走入这个角色。"

她曾经在高度紧张的状态下生活："很长一段时间我都是所谓的单身母亲。我已经产生了对生活没有保障的恐惧。某些阶段里，我无法扮演我真正想扮演的角色。"后来她也接下了这样的角色，以获得经验，也因为她必须赚钱："即使在谈恋爱的时候，我也总是让自己完全不依靠男人的收入。我从来都是自给自足的，一直都是。"

现在这段艰难的时期已经过去了。几年前，她已经幸运地嫁给了一位在乎她、了解她的物理学家，她在工作中也感受到被接受和被认可。2016 年，42 岁的她凭借电影《雷达之下》获得艾美奖。她是第一个获得该奖项的德国人，击败了同样获得提名的奥斯卡奖得主朱迪·丹奇。"能获得这个奖项，是我完全没有想象过的，尤其是和朱迪·丹奇竞争。但是晚上我突然在想，如果我没有得到这个奖，我又怎么能马上熬过去呢？在那之后的一切都很美好。和家人一起在纽约的日子，以及这种感觉：我还在，我现在做的工作也还不错。"

虽然研究者们意见不一，研究报告相互矛盾，但人们常常可以在有关中年的文本中读到，人生经历呈所谓的"U"形：年轻人感到强大和满足，从 35 岁开始，这种感觉就逐渐消失，直到大约 45 岁时达到了一个最低点。从那之后，平均满意度再次增加，并且可能比以往任何时候都高。如果把这个套用在克里斯蒂安妮·保罗身上，可以说从她 40 多岁开始，她的"U"形线就一路向上。

"认可"（Anerkennung）一词从语言角度看是对"认出"（erkennen）一词的说明。对于许多人来说，"被认出"是一个根本的目标。而你感受到自己被人看到，有些情绪可以平静下来，很多东西也都可以释放出来。

克里斯蒂安妮·保罗不再需要知道，自己是否很快会有另一场拍摄。她可以说出以下类似的话："你也需要没有工作的阶段。你必须汲取新的力量，不管怎样，作为一名艺术家，你需要休息，需要生活。"

她相信适合她的角色会继续出现。因为现如今，人们可以在各种职位上看到女性的身影——克里斯蒂娜·保罗提到了克里斯蒂娜·拉加德、安格拉·默克尔、米歇尔·奥巴马——也会有除母亲角色之外的更多角色展示中年女性。她赢得艾美奖所凭借的角色就是一名律师。

对于克里斯蒂安妮·保罗来说，工作是一种内在的需求，和许多其他艺术家一样——他们不是想要做点什么，他们是必须做点什么。舞者要跳舞，歌手要唱歌。但是，创造一些东西、刻画一些东西的欲望，与艺术家气质无关。这关乎的是激情，正如希莉·哈斯特维特除了小说家的工作以外，同时还从事自然科学研究，正如奥运冠军比尔吉特·费舍尔在无须为比赛进行训练的情况下，每个夏日清晨的五点依然在家门前的湖中划桨。

大多数看似幸福的东西都来自努力工作、仔细思考和愿意投身于一项任务。但并不是所有的东西都可以通过成就来实现。能够认识到这一点是使一个人成熟的原因。当有超出自己控制范围的事情出现时，你会感到更快乐，例如，找到爱情、保持健康，或者体会到来自外部的认可，因你所取的成就而受到关注。

当克里斯蒂安妮·保罗回顾过去几十年付出的巨大努力时，谦虚的她很少关注自己的成就，而是更多地关注她手中没有的东西："真幸运啊！我只是很幸运地越过了许多原本会阻碍我的障碍，那些障碍原本会阻碍我成为女演员和成为现在的自己。"

态度

前家庭主妇安婕·史蒂芬：个人与政治之间的联系

安婕·史蒂芬（Antje Steffen）的商店位于汉堡珊泽区的边缘。这是一个摆满家居用品的小房间：20 世纪 50 年代的粉彩珐琅锅、铸铁平底锅、手绘汉堡图案的咖啡杯、色彩鲜艳的围裙和擦碗巾、带木柄的金属畚箕。

孩子们尤其喜欢这家商店，安婕·史蒂芬很高兴有一天它会成为他们记忆的一部分。她喜欢她的工作，喜欢和人打交道。她也喜欢做家务。但如果她的生活轨迹与现在不一样，她也就不会开店了。她曾经是一名家庭主妇，也很愿意一直保持这种状态。

安婕·史蒂芬很早就读过卡尔·马克思的书。她不认为自己是马克思主义者，但她确实从他的异化劳动理论中有所收获。它影响了她对世界的看法并塑造了她的态度。马克思在 19 世纪工业化过程中发展了这一理论，并永远地改变了生活和社会：过去，几代人都在家里当工匠和农民，现在，很多人去了工厂，实现了工作与家庭分离。他们的工作现在仅限于重复相同的操作，正如马克思所说的，他们"异化"了，不仅是自我的异化，还有劳动产品的异化。

对安婕·史蒂芬来说，马克思所说的"异化"在当今的劳动世界中比以往任何时候都更加明显：许多职业需要将工作与个人的实际生活分开。所谓的在家办公（Homeoffice），改变了一些东西，但没有改变既定的原则，即要做什么是由外部决定的。

在安婕·史蒂芬长大的地方，工作和生活仍然是一体的。这不是一个讲究书面合同、工作时间、全职、兼职、面试和解约、退休献上鲜花花束和嘉奖词的世界。没有所谓的办公室和公司规定员工白天必须待在哪里，直到一天结束时才允许回家，回到生活的原本归属地，开启所谓的"下班时间"。

当她父亲还是个孩子的时候，钱甚至都没有特别重要的作用：家里煮的是花园里种的东西，或者是从地窖里拿来的罐子里的东西；人们不会去度假；大多数人都是从自己的父母那里继承了房子，一直住在那里直到去世。

安婕·史蒂芬于 1967 年出生在迪特马尔申（Dithmarschen）的一个村庄。今天，迪特马尔申是一个被水包围和贯穿的地区：北海、埃德河、易北河、北海—波罗的海运河。在遥远的过去，迪特马尔申被称为"自由农民共和国"，因为一些封建领主，例如不来梅的大主教，很少关注他们辖区发生的事情；这里的农民能够实现自治，一直到 16 世纪。第二次世界大战后，国家投资了迪特马尔申，将该地区与外部世界连接起来。在安婕·史蒂芬身上，也能感受到她想按她自己的方式生活的意愿，而不是按周围世界认为的那样生活。

她的爷爷和父亲做了汽车修理工，并经营了一个车间。外婆开了一家家居用品店，出售瓷器、餐具、饰品和日常用品，后来，安婕·史蒂芬的母亲接手了这家店。当农民们在圣诞节前夕穿着橡胶靴子来到商店，想给他们的妻子买圣诞礼物时，安婕·史蒂芬的母亲早就已经和妇女们聊过，知道该给他们推荐什么饰品。

那时，在村子的中心地带，教堂和学校的周围，有一家肉店、一家面包店、一家杂货店、两个加油站、两家银行、两家客栈、一家玩具文具店、一家鞋店、一个农业机械车间、一家邮局、一个农产品店、一个服装和室内设计店以及她父母的店——汽车车间以及瓷器和家居用品的零售店。安婕·史蒂芬第一次走进超市是在 12 岁："奥乐齐先生不来我们这买东西，所以我们也不去他那买。"她的父亲总是这么说。

靠一家小型生活超市养活一大家子是不容易的，他们为此牺牲了其他东西。中午和晚上，十个人围坐在桌子旁：她的三个姐妹、母亲、父亲、爷爷奶奶、外婆和"三祖母"，安婕·史蒂芬这样称呼她，她是一位来自格但斯克的卡舒比人，她在战争期间逃到这里，住在他们隔壁，白天会到家里来帮忙。

所有人都在家里待很长时间，他们会一起完成手头的工作：男人，女人，也包括孩子。"我们看到了父母是如何工作的，觉得自己也是组成这个整体的一部分。"圣诞前夕，一家人一起站在商店里卖东西；暑假期间，他们一起清理仓库，并在新年期间进行盘点。每天家里都会做饭，很多东西都是他们自己创造的，甚至包括她所说的"文化"——在节日里，村里的理发师会演奏哈蒙德管风琴，母亲们亲手为孩子们的舞蹈团缝制服装。对于安婕·史蒂芬来说，这种生活方式与马克思所描述的异化完全相反。村民们，包括孩子们，都共同构成了他们生活的一切。

不过，安婕·史蒂芬在村里长大的 20 世纪 70 年代和 80 年代，是一个与今天完全不同的时代。在前联邦共和国，依靠社会市场经济的"莱茵资本主义"仍然盛行，国家的社会福利机构需要弥补阶层之间的不公正。银行比证券交易所更强大，工会与雇主视其为社会共同体。然而，英国首相玛格丽特·撒切尔和美国总统罗纳德·里根逐渐推动了以资本主义方式运作的市场经济，从而为 90 年代以来对人们生活造成决定性影响的全球化铺平了道路，也让安婕·史蒂芬的生活发生了翻天覆地的改变，以至于她的童年和青少年时期看起来像是生活在另一个时代。

20 世纪 80 年代末，安婕·史蒂芬短暂前往柏林，接着来到吕讷堡读大学，但居住在汉堡。所谓的汉堡流派（Hamburger Schule）的音乐运动恰好在这里开始。这一风格的乐队们名叫"东德速食汤块致癌"[1]"勃鲁姆费尔德"或"金柠檬"。音乐家都自己写歌，歌词具有政治性和思想性，使用的语言是德语。

---

[1] 该乐队的名字来自 1952 年德国大众报纸《图片报》上有关东德速食汤块成分的新闻标题"汤块致癌"。

安婕·史蒂芬大部分时间都和汉堡流派的人待在一起，所有的一切似乎都和她在村庄时相似：做音乐、聚会，简简单单，而不是为了取得什么成就。"这对我来说只是纯粹的娱乐。让我在另一个领域可以再次回到我漫无目的、丰富多彩的童年生活。"

安婕·史蒂芬在一个公共频道上拥有自己的节目，她创造了自己的"文化"，正如她在家乡看到的那样，没有老板和合同，没有销售额和配额目标。她负责导演统筹："有舞者、主持人、助理、音乐家、灯光技术人员、两三个摄影师和两个猜谜队。"

20 世纪 90 年代初期是"走出去"的时期：在东柏林的地下室成立了各种非法俱乐部，人们在街上跳舞，参加狂欢聚会、爱的大游行电音派对、克里斯托弗大街游行日，就好像要庆祝 20 世纪 80 年代的结束，因为那一时期，人们受到军备竞赛、冷战和核反应堆灾难的威胁。到了今天，人们发现，当时的一些年轻人在跳舞和聚会时，似乎忽略了一个事实，即虽然到 20 世纪 80 年代末那些威胁已经消失，但一个更小世界的、一个更社会化的经济体系的安全感也消失了。随后，数字化盛行，社会制度、租金、工资发生了变化，以至于当时许多来自文化和派对场景的年轻人都在寻找不受传统效益思想左右的自由生活之路，而这条道路可能通往不稳定的存在（Dasein）。

安婕·史蒂芬是其中一个看到或至少猜到了她自己和想要自由生活的朋友们身上会发生什么的人。尽管如此，这仍是她想要的：无目的的存在。对她来说，这不仅是一项私人原则，也是一项政治原则。

当她的男朋友对她说："来吧，房子和孩子。"她给了肯定的回复。他们在村子里举办了婚礼。邻居帮忙准备，让汉堡的年轻人在他们家过夜。当地民间舞蹈团表演，汉堡的乐队演奏，音乐家贝娜德特·拉·汉格斯特拉着从老板那里拿到的手风琴，然后他们一直跳舞跳到了第二天早上。

不久之后，她有了一个儿子。她说，她的丈夫建议，在工作日将男孩送到他母亲那，或者送去日托中心，这样他们两个都可以工作。她想起了她在村里的童年，想起了她是如何能够成为"整体的一部分"的。同样，对她来说，个人生活与政治相联系，她认为孩子如果不在父母所在的地方，就会承受压力。她不想接受现在越来越普遍的这种生活方式——父母工作，孩子白天被放在别处照看——因为她害怕异化，她不想让自己依赖他人，而别人又不得不为他们工作：保育员，餐饮服务商。"因为一旦你成为这条价值链的一部分，你就会越陷越深。"她说。于是，她承担了家务，选择和儿子在一起。

女性主义中有一个流派是为她这样的决定辩护的。记者伊娃·科里诺（Eva Corino）在她的《依次原则》一书中，呼吁人们"更从容地对待家庭和工作"，还必须要有"适应期"，她警告人们不要有"同时完成多项任务的妄想"，要小心时间过紧和负担过重所造成的影响。但是，很多女性主义者都曾劝告或正在劝诫女性不要长期都处于一种经济不独立的情况下。离婚法有了变动，单亲父母的税几乎和单身人士一样多。克里斯蒂娜·比洛和克莉丝汀娜·瓦利恩特在他们的《被背叛的一代》一书中描述了家庭主妇和兼职母亲的担忧，她们今天大多不再像自己母亲那时能得到那么好的照顾，她们的母亲在东德和西德都能以不同的方式得到生活上的保障。

安婕·史蒂芬卷入了关于母亲身份和有酬工作的争论中，她留在家里的决定违背了女性主义的多数派。然而，与所有思想流派一样，女性主义也需要矛盾才能发展。因此，当自信的家庭主妇们怀疑全职工作是否真的是唯一正确的方式时，也为女性主义的发展做出了自己的贡献。

安婕·史蒂芬在家里待了十五年。她花了很多时间陪伴儿子，看了一本又一本的书，她喜欢料理家务："我这里一直都打扫得干干净净的，桌上摆放的是我亲手采摘的花。"她制定了财务规划，组织了各种聚会，她很满足。但她也会想念她的丈夫，她的丈夫外出工作，晚上还会投身于政治事务。

她的许多朋友做出了不同的决定：面对孩子，双方都从事各自的职业，签订劳动合同，有时甚至分居在两个城市，他们要履行各方面的职责，主观认为的和真实的，夫妻几乎没有一起完成某件事的机会。于是夫妻关系因压力而破裂。她自己的婚姻因为其他原因而失败了。离婚后，她原本的生活模式再也行不通了。她不知道应该靠什么生存。

于是她开始在圣保利区的"金得利"俱乐部做服务员，在那里她继续与汉堡流派的人聚会，并慢慢找到了装潢的工作：她在父母经营的商店里还学过装潢。她可以住在自己其中一个姐妹家里，她的丈夫也帮助她维持了一段时间的生计。但是："我再也供不起我的儿子了。"她说。从此以后，她的儿子跟着父亲一起生活。

不过，她设法通过某种方式拯救了自己。中年的她回忆起了曾经让她快乐的事情，她把过去在村里的生活带回了大城市：她租了一个小花园，夏天大部分时间都在那儿度过；她开了一家家居用品店，在那条街上除了已有的店以外，还有各种各样新的店铺涌现，因此她童年时期的村庄似乎也在她周围慢慢重现：文具、家具、婴儿服装、二手和新时装、面包店、配镜师、裁缝、鞋匠和配钥匙师傅、木匠、邮局、售货亭、自行车店、餐馆和咖啡馆、金匠、钟表匠、啤酒专卖店、针织店、旧瓷器设计品和电工。许多店主的年纪都和安婕·史蒂芬一样。

她无法存下任何可以供她晚年使用的储备金。她甚至不想去思考以后的事情会怎样。她付出了高昂的代价，但不是因为背叛了自己的理想，她并不后悔自己做家庭主妇的决定。过去和现在，她都在以她认为合适的方式生活着，即自主地生活着。事实上，他们对构成当今政治和经济生活的某些因素的怀疑已得到证实：尽管有种种优势，但全球化已使一些人受害，关于新的商业和生活形式的讨论已经开始。安婕·史蒂芬也在考虑这一问题，她表示："实行无条件基本收入，就用这种方式。"这样一来，想要留在家里的男人女人可以做出这样的决定，而不必担心自己的生计问题。

但是，不论如何，安婕·史蒂芬也重新获得了另一种形式的幸福：活在当下并能够享受其中，正如玛丽·博伊默（Marie

Bäumer）在"感性"一章中所描述的那样。在一位共同好友庆祝五十岁生日之前，安婕·史蒂芬坐在她的店里开心地说道："耶，终于又要开派对了。"在庆祝生日的酒吧里，客人们可以像往年那样吸烟，那时吸烟在任何地方都是被允许的。一个迪斯科球旋转着，在红墙上画出闪闪发光的圆圈，冰块在玻璃杯里发出叮当声，啤酒瓶在吧台上被递来递去，一个男人蹲在角落里挂了电话，留着白胡子。此外，由于20世纪80年代和90年代的时尚在各个地方，包括这里都再次流行了起来，这里看起来几乎和以前一样，那时男人的胡子也并没有变白。安婕·史蒂芬那头浓密头发修剪得整整齐齐，里面的银色发丝也在迪斯科灯球的反射下闪闪发光。画面相互堆叠，昨日变成了今日，今日变成了那时。

舞池上，女主人搂着她成年的侄女，和她一起旋转，安婕·史蒂芬在人群中间翩翩起舞，却显得很孤单：挺立的身姿，头发散落在脸上，沉醉其中，虽然此时的她是一个成年的女性，但可以看出她曾经是一个快乐的孩子。

责任

企业家安婕·冯·德维茨：让原因主导的勇气

　　德国是一个以家族企业为主的国家，这些企业的名字与来自《Glamour》杂志和顶级政界的名字一样广为人知。安婕·冯·德维茨（Antje von Dewitz）所经营的公司生产户外服装和配件，是一家稳定的中型家族企业，拥有大约 500 名员工，是博登湖地区的一个重要雇主。由于中世纪晚期形成的德国邦国制结构，许多家族企业现仍位于较小的城镇或农村地区。

　　安婕·冯·德维茨穿着一件衬衫，披着一头长长的金发。作为一个户外品牌的领导者，她不必遵循规范外部的商界法典。她的父亲阿尔布雷希特·冯·德维茨（Albrecht von Dewitz）于 1974 年创立了这家公司，此前他曾接受过进出口贸易的培训，攻读了企业经济学专业，并在体育用品行业拥有多年的工作经验。

　　出生于 1972 年的安婕·冯·德维茨并没有打算加入公司，她更想去一个环保组织中工作。虽然和数字打交道没有吓倒她，因为在学校的时候她就觉得数学不难，她当时还承担起了班长和青年组织领袖的责任，但是她觉得商科学习太枯燥，所以她决定在帕绍大学学习经济学和文化空间专业，因为这门专业不仅将经济和文化两个方面融合到了一起，而且让她有机会深入挖掘自己在全球关系方面的兴趣。

她的母亲热爱大自然，年轻时曾骑自行车穿越德国。"她过去和现在都追求自由，我自然是从她身上学到了很多，学会尊重自然，认识到大自然的承受限度。"安婕·冯·德维茨说道。不过，她在美国上学时才意识到自己对大自然的热爱，位于家门口的阿尔卑斯山的美对孩童时期的她来说可能太理所当然了。她和其他年轻人在内华达沙漠度过了几天。晚上，他们生起篝火，头顶的星空"就像烟花一样"。安婕·冯·德维茨说道："我们在那里进行了十分深入的聊天——就好像肉体和灵魂完全一致。我不信教，但这就像一次灵魂之旅。"如今，她和她的一位亲密好友每年会进行一次"治愈性远足"，这是她们的玩笑说法。徒步旅行会持续数日，她们会在旅途中谈论这一年给她们带来了什么，问题出现在哪里，幸福的地方又是哪里，在哪里可以找到新的目标。

在结束大学学习以及在非政府组织（妇女和环境组织）的媒体和文化机构实习之后，她去了父亲的公司试工。这本应该只是又一个积累更多经验的站点。然而，她很快意识到她可以在这里有所作为，于是，她留下了。几年后，她在霍恩海姆大学撰写关于"高效雇佣关系的形成"的博士论文时，采访了这一家族企业的员工，并举办了工作坊活动，这让她对公司有了更深入的了解，让她意识到了机会、挑战和问题分别是什么。

在 2009 年接任掌舵人之前，她已经有了管理公司各部门的经验。她的父亲从其他监事会的情况中发现，如果公司创始人在移交职权后继续参与公司业务，处境会十分艰难，因此他决定退出运营业务，从此以后担任顾问委员会成员，并主要致力于管理在越南新成立的生产中心。于是，安婕·冯·德维茨不用与等级制度做斗争，不过她必须向其他人表明，虽然她有自己的想法，但她是她父亲的称职接班人，她称他为"先驱者"。这不是一条容易的路。

谁经营公司，谁就承担责任：对员工、对产品、对市场。为了主张自己的新想法，理想状态下员工、市场和经济体系都能从中受益，你必须说服其他人，或者最好是，激励他们。比利时精神分析学家和心理学教授保罗·维哈盖尔（Paul Verhaeghe）在他的著作《权威与责任》中阐述了这两个原则之间的密切联系，而它们不一定相互依赖。他说，承担责任并不就意味着被认可为权威，权威也不一定与权力相关：某些时候他得知，他在学生中享有很大的权威，恰恰是因为他没有利用他的权力。

安婕·冯·德维茨在三十多岁时从父亲手中接过了企业的管理权，从而进入了一个主要由责任和权力定义的职位。然而，多年来，她对这些概念的定义以及她履行职责和体现这些概念的方式都发生了变化。现在，她已步入中年，可以回顾一下对她自己个性和公司都产生了影响的发展历程。

一开始，她做了一些与她父亲相似的事情；"这是一开始的条件反射"，她说。她迅速做出决定，下达绝对命令。但她很快就被她的同事告知，她已经不像她了。与保罗·维哈盖尔的观点相似，安婕·冯·德维茨也体会到，权威并不是随着职位的提高自然而然产生的，而是随着可靠性和说服力的提高而产生。尤其是在领导岗位上，女性受到的评判比男性更严格，因为迄今为止，与权力相关的领导职位主要都由男性担任。过去和现在，男性都是这一领域的标准，这点与玛丽·比尔德在《妇女与权力》中描述的情况类似。对安婕·冯·德维茨来说，这个标准就是她的父亲。

不过，她接受了同事的建议，面对了这个问题，并意识到："如果模仿别人，会失去很大一部分能量、自己的独创性和找到解决方案的能力，然后也会停止进步。这是极为可惜的。"

从那时起，她更加注重做自己，并学会了相信自己的想法。这也意味着，她必须对公司的一些事情进行重新部署和改变。她还意识到，她并不能简单地接替她父亲的角色，因为她父亲多年前就创建了公司，并把责任高度集中到了一起。她和她的管理团队一起确立了公司结构、流程和文化，使公司的每个人都能承担更多的责任，不管是管理层的同事、经理，还是所有其他员工。在这个过程中，领导层的角色从"唯一的决策者"转变为安婕·冯·德维茨所说的"框架提供者和团队指导者"。

她采纳了她父亲早先的一个想法，在企业园区建立了一个儿童之家，这里全天开放，用于照顾 6 个月以上的儿童。所以，有时会出现这样的情况：你会在公司大楼里碰见员工的孩子。安婕·冯·德维茨自己有四个孩子。她的丈夫最初做着兼职工作，但最后选择完全留在家里，以全面照看孩子。她说："他以我为荣，十分支持和鼓励我。"尽管如此，她不想成为"一个狠心的母亲"，她一直思考着这个问题："我想确保我能够对得起我的家人。"她尽量避免工作过长的时间——虽然这种情况在她这种职位上是很常见的——并尽可能在下午 5 点回家。她希望能给企业的其他人树立一个榜样："我知道这对企业有好处，只有我做了，其他人才敢这么去做。"为了给员工提供更好地平衡家庭和事业的可能性，她引入了所谓的"信任文化"与弹性工作时间的模式，并提倡移动办公，例如在家办公。

保罗·维哈盖尔将像安婕·冯·德维茨这样的领导方式称为"横向权威"。她自己表示："这是一种平等的领导风格。各层级的人都能参与讨论有争议的话题，在决定上争论不休。这就是我们取得最佳解决方案的方式，这有助于我们成功应对日益复杂和不断变化的挑战，并进行创新。"

然而，维哈盖尔还写道，尽管在我们这个时代，我们刚刚放弃了专制结构——摆脱了族长的权力、道德约束、宗教教条——但与此同时，我们又是如此缺乏安全感，对权威的呼声越来越高。安婕·冯·德维茨说："一些员工一开始并不想承担更多的责任，或者想要听从绝对命令。但是当他们意识到他们能够自己参与创造时，许多人都释放出了大量的能量，人们活跃了起来，愿意主动施展拳脚——这很棒。它能让我们所有人都走得长远，让我们变得成熟。企业和经济无非就是与人合作，同时拥有无比多的创造机会。"

她的领导方式和经营方式的一个重要方面是可持续性。她尽可能地在公司中承担起像哲学家汉斯·约纳斯（Hans Jonas）在其1979年出版的《责任原理》中所定义的责任。汉斯·约纳斯认为伊曼努尔·康德（Immanuel Kant）的绝对命令是一种生态命令：根据约纳斯的说法，人对自然负责，必须采取相应的行动，必须保护它。他的要求是："你的所作所为所产生的影响，要能让地球上的人类世世代代生存下去。"

安婕·冯·德维茨正在努力做到这一点。她呼吁改变经济体系，现有的体系奖励的是那些纯粹以利润为行为导向的人："我们生活在一个让公司放弃责任比让其承担责任更容易的体系中，这是十分荒谬的。"企业家们总是会指出，例如，他们现在受到某些供应链和工资结构的约束，或者雇用无数的分包商，他们每次只负责一个领域，是合法的。"但这样的经营方式只是表面上看起来花费比较少，实际上它是以牺牲环境和后代为代价的。"

德国哲学家尤里安·尼达-吕梅林（Julian Nida-Rumelin）在他的同名著作中将"责任"描述为人类的一种让原因主导的特殊能力，即特定的动机。这种原因可能是：平等、团结、可持续性。为了能够对他人负责，我们也必须能够对自己负责。只有这样，我们才能创造、创新。反过来，权威也随着我们的成长而增长。有些事情到了中年几乎是自然而然地就变得容易了。

参与

活动家梅拉尔·萨欣：家长制作风的结束

位于莱茵河右岸的科隆米尔海姆区的一个站台。地铁的车门打开了，我准备下车。一群女人向我走来。她们穿着罩袍（Abaya），脸部除眼睛外的部分都被遮住了。女人们不等我下车就进来了。她们从我身边挤过去，推搡着我，似乎根本没有注意到我。很难说这些女人的年龄有多大。因为她们围着面罩，几乎无法辨认。但是，从她们笑、打闹和说话的方式，以及她们手机背面贴的东西来看，她们似乎很年轻，不到二十岁。她们还画了很浓的眼妆。

我对那些女人的行为感到恼火。而下一刻，我又对自己感到生气。因为我马上就出现了这样的想法：她们戴着面罩难道是为了把自己隔离起来，使自己不再感知周围的一切吗？

我知道，以偏概全是不对的。因为五个人戴着面罩，我就马上作出一个关于面罩本身的判断，一个贬义的判断。而多少次我被年轻人推搡，就因为他们处在自己的世界里。我也曾被他们惹恼过，但也没有想过他们的行为与他们的文化有什么关系。

我从地下通道迈上楼梯，来到了广场上，那里有一个集市。"便宜啦，便宜啦，便宜卖啦"，站在摊位后的一个男人喊道，"马上就收摊啦"。另一个摊位叫喊道："五个辣椒，只要一欧元，最后的机会啦。"这些商贩看起来好像是土耳其裔或阿拉伯裔。我很高兴，"就像到了东方国家"，我心想，随即坐到了一根柱子上。我怎么了？我刚刚又产生了一个种族主义的想法吗？

美国文化学家爱德华·萨义德（Edward Said）提出了"东方主义"的概念。在同名作品《东方主义》中，他指出，西方人在政治和文化方面觉得自己比东方人优越，却不一定能意识到这一点。该书于1978年出版，让读者对种族主义有了新的认识。然而，来自波鸿鲁尔大学的种族主义研究者卡里姆·弗西杜尼（Karim Fereidooni）接受德媒"德国编辑部网络"（RND）采访时说，没有人能够摆脱种族主义，我们经常能听到的某些印象和评判在书籍、电影和对话中被不知不觉地提到。但是，人们通过仔细观察自己，有可能减少或完全摆脱种族主义的思维和行为。

我再次起身，继续向考侬普街的方向走去。这条街的知名度远远超过科隆，在维基百科上有自己的条目。在那里你可以读到，有两种定义这条街的方式：一种是把它视为"移民区商业街的典型示例"，另一种把它视为"城市内部社会性种族隔离的标志"。

珊泽区是19世纪的一个工业区，毗邻考侬普街。如今的科隆剧院就位于那里。早在工业化期间，许多来自国外的工人就已经住在考依普街，在20世纪50年代和60年代，主要是来自土耳其的人搬到了这里。这里的租金很低。渐渐地，土耳其和库尔德移民（主要是男性）租用了店铺，开起了小吃店、裁缝店、餐馆、茶室、土耳其时装店、黄金首饰店、美容美发沙龙、电子产品商店、水果和蔬菜商店、肉店、糕点和糖果店。19世纪经济繁荣时期的建筑物进行了翻新，其中有些还加上了东方装饰物。

2004年6月9日，一枚钉子炸弹在考依普街爆炸，造成22人受伤，其中4人受重伤，同时还炸毁了商店和汽车。调查人员排除了恐怖袭击。住在这里的人顿时起了疑心：人们怀疑是商家之间发生了争执。直到七年后，才得到证实，这实际上是一场种族主义的恐怖行动，施害者是右翼恐怖组织"德国社会主义地下党"（NSU）。

2014年6月，恐怖袭击十周年之际，在考依普街举行了一场以"团结一心"为口号的活动。音乐家乌多·林登伯格、沃尔夫冈·尼德肯和彼特·曼菲进行了表演，科隆剧院上演了话剧《缺口》（*Die Lücke*），从当地居民的角度讲述了这次袭击。联邦总统在集会的最后发表了讲话。该活动由"考依普街利益共同体"组织，这是一项反对种族主义的倡议。主席是梅拉尔·萨欣（Meral Sahin）。在新闻发布会的照片中，她是11个人当中唯一的女性。她坐在歌手彼特·曼菲和沃尔夫冈·尼德肯中间，面露笑容。她穿着红色高跟鞋，戴着红色头巾。

对于许多女性来说，进入政界的途径是激进主义，在过去，她们几乎没有任何官方职位。德国议会中的第一批女性是女性主义者。到现在，各党派仍在讨论平等和配额问题，但和平、环境、反核以及民权类运动已经有女性参与到其中。在今天的年轻一代中，例如在"未来星期五"（Fridays for Future）运动中，年轻女性占主导地位。还有白俄罗斯的反对派运动，其成员于2020年秋季走上街头，也是由女性领导的。

激进主义通常始于直击人们生活的问题。而早期的女性主义者参与其中是因为她们无法享受与男性相同的权利而感到不快。气候活动家格蕾塔·桑伯格（Greta Thunberg）在2018年的热浪期间组织了学校罢工，发起了一场新的气候运动。

梅拉尔·萨欣对反对种族主义的投入与她在考依普街的生活有关。当商人仍被怀疑参与袭击时，他们请求她担任"考依普街利益共同体"的副主席。在此之前，她在各个节日里会对街道进行装饰，每个人都认识她，并且很欣赏她的沟通能力。

但也与她在这里开的店有关，一家婚礼装饰店。为了筹办土耳其、波斯、意大利、德国和叙利亚风格的婚礼，她需要了解不同的传统习俗才能将这份工作做好。最近，她在为土耳其基督徒出谋划策。她研究了他们的历史，了解到他们的宗教信仰之前在伊斯坦布尔受到约束。"种族主义无处不在"，在我们约谈见面时，她在电话中如此说道。

梅拉尔·萨欣的商店在一栋新建筑里。整栋房子都是她的，而且是她自己建的。我进去的时候，柜台后面站着两个戴着头巾的女人。她们头上方挂着吊灯。其中一位就是梅拉尔·萨欣，她手里拿着热熔胶枪，正在粘塑料花，胶水还拉着细丝。

墙上挂着照片：其中几张是梅拉尔·萨欣和美国大使的照片。商店后面角落的一张桌子上摆着一辆粉红色的木制婚车，马车上镶嵌着珍珠。和这里的许多其他东西一样，这是梅拉尔·萨欣亲自制作的：心形幸运符、插花花束、座席名片和邀请卡。

梅拉尔·萨欣给我端来一杯咖啡和一杯水。她没给自己拿任何东西，因为这是斋月，四旬期。就在我们谈话的一开始，她告诉我们，她真的不得已被说服担任利益共同体的主席。她愿意参与其中，但实际上她本来只需要提供帮助就足够了，她不想担任什么领导职务。

梅拉尔·萨欣于 1971 年出生于德国。她的父亲来自土耳其西部的一个小镇，在科隆-米尔海姆的一家公司做车工。他在回家后的第一个假期中认识了他的妻子，两人结婚后，搬进了考依普街的一个阁楼公寓。由于双方都必须工作，在幼儿园又找不到学位，他们只能把一岁半的女儿送到了土耳其的祖母那里。第一代的移民往往是孤身一人，没有阿姨、叔叔、祖父母可以提供帮助。梅拉尔·萨欣 7 岁时，她的父母将她带回了德国。

为了能在德国安定下来，同时又能帮衬土耳其的家人，梅拉尔·萨欣的父母做了很多工作。这种情况十分普遍。作家梅利·奇亚克（Mely Kiyak）在她的自传小说《作为女人》（*Frausein*）中也谈到了这一点。奇亚克的父母是库尔德人，同样来自土耳其，移民到了德国："永远在工作。几乎无法用言语形容工作的重要性。工作是居留德国的生存理由。"

上小学时，梅拉尔·萨欣去的是土耳其班。学校还有希腊班。"人们认为希腊人和土耳其人相处不来。"梅拉尔·萨欣说。"我觉得这很糟糕。我们不应该创造假想敌，而是应该通过将他们聚集在一起来解决这一问题。那么他们就会相处得十分融洽了。"

她说，她在所有科目中都得了 A，只有德语得了 C。她的父母和她说土耳其语，而她也没有上过幼儿园。如今，说其他语言的家庭的孩子需要尽早去托儿所或幼儿园，以熟悉作为第二语言的德语。然而那时，人们认为孩子们说两种语言会混淆。除此之外，人们对所谓外籍务工人员的孩子投入没有那么多，也是因为人们认为他们不会留在德国。梅利·奇亚克写道："人应该努力往上爬，过得更好。然而，社会发出的信号与外籍务工父母对孩子的期望相反。从德国社会的角度来看，人应该保持本我，尤其是保持自己的位置。"

后来，梅拉尔·萨欣上了中学。当全班同学被问到以后想做什么时，她的回答是："我想毕业。"她向我描述道，起初教室一片寂静，接着大家都笑了。但是一位老师告诉她要尽可能多地阅读，并送给了她一些书。"这位老师深深地影响了我，让我相信了人心善良。"她成功地从一开始读的实科中学转入了文理中学。

她 16 岁时开始戴头巾，她的父母表示反对，因为他们不想引起注意。梅拉尔·萨欣的母亲也不戴头巾。"起初，头巾对我来说是年轻人的无政府主义，16 岁时你会寻找自己是谁的答案。现在它是我信仰的一种表达，我是穆斯林。其中，有德国穆斯林，也有土耳其穆斯林。首先，我来自科隆，这是我的城市。当有人问我，觉得我属于哪里时，我会说：科隆。在这里我不会被任何人强迫戴头巾。"

关于头巾的争论在德国已经持续了几十年。许多女性主义者将其视为压迫甚至伊斯兰教的象征。柏林律师、作家和宗教领袖伊玛目（Imam）塞兰·阿塔（Seyran Ate）说："在事不关己的情况下容忍戴头巾是很容易的。然而，对我来说，这不是容忍，而是无知。"绿党政治人物艾金·戴利戈兹（Ekin Deligöz）认为在世俗的欧洲民主国家，人们应当为了平等和人权而拒绝戴头巾。而其他女性主义者警告不要剥夺女性以她们认为适合自己的方式装扮自己的能力。她们支持穆斯林妇女戴头巾，只要这是她们自己的选择。

对于梅拉尔·萨欣来说，头巾一直是一种象征。她以此表达，她可以自主决定什么是适合她的。现在，到了中年，她以此表明她在旧的传统中做了创新。她是穆斯林，离异，是一个成年儿子的母亲、企业家、女房东、活动分子。她不适用于任何刻板印象，而种族主义通过刻板印象起作用。

但她并不是一直像今天这样自信。20岁出头时，她开始在实验室接受培训。她的同事们窃窃私语，说出了她不应该听到的话语，但她都听到了。负责这个实验室的教授很欣赏她，但在48名女性实验室技术人员中，几乎所有人都针对她，如今她回忆道。"这是女性对抗女性，是病态的。"一月又一月，她希望情况会好转。但事实上，什么都没有改变。她开始夜晚在酒吧工作，还在考依普街的一家小商店里卖装饰品。她本来是想学艺术的，但她妈妈认为，嫁人更重要。她这么做了，但在她 30 岁出头的时候，她的婚姻也结束了。

她离婚了，辞掉了实验室的工作，专注于经营她的商店。当她可以靠它过上好日子时，她决定在考依普街建一栋房子。这个计划差一点就告吹了，但她最终还是做到了。

"有很多很多的外国人感觉被边缘化，遭遇种族主义，却不相信他们可以改变一些事情。但是人们必须为此做些什么，才能得到一些东西。"梅拉尔·萨欣说。她对预先拟定给她的位置不满，做出了斗争并取得了进步。当她卸下重担时，她才意识到她身上一直背负着沉重的压力。当她参加话剧《缺口》的最后彩排时，发生了一些事情："我真的，真的，真的大哭了一场——整个灵魂，所有的小伤痛，受到的创伤，所有的所有都发泄出来了，爆发了。当自己以及自己的故事被看到，这就治愈了所有的一切。最后我坐在那里，感受到自己有一颗如此强大的心。在那场演出中，我们收获了如此多的尊重。"

她 44 岁，步入了中年，在她的人生故事里第一次感到被认可。在考依普街活动结束的第二天，她见到了当时的联邦总统约阿希姆·高克（Joachim Gauck）和他的伴侣达尼艾拉·沙特（Daniela Schadt）。他们谈论了这个话剧、袭击行动和日常生活中的种族主义。"这是一个倾听的时刻，感觉很好。那时我就知道：这里就是家，我真的回家了。"她为她所在的街道，为这里的人们，为她的信仰和她所代表的一切全力付出，这让她到达了这样一个早就属于她的地方。

　　梅拉尔·萨欣让自己不再受任何支配。现在的她快要过 50 岁生日了，也过上了自己喜欢的生活。她现在的男朋友比她小 15岁。"长期以来，人们都认为自己要取悦别人"，她说，"不知什么时候，我就厌倦了这点。我也想取悦自己。于是我决定塑造属于我自己的生活"。

感性

演员玛丽·博伊默：强烈感知的天赋

法国的一个马场里，玛丽·博伊默（Marie Bäumer）的种马安迪奥早上逃跑了。它想去母马那里，而那个地方是它不应该去的。安迪奥是一个克罗地亚名字，意思是"天使"。当她接管它时，它的名字还是多拉多，在西班牙语中是"金色"的意思。有了新的名字，安迪奥也应该获得新的生活。在玛丽·博伊默买下它之前，它曾经历了斗牛训练，一种无情的训练。金属笼头在它的头上留下了伤痕，它臀部的烙印像一道闪电一样撕裂了它的金黄色皮毛。当玛丽·博伊默用双手紧紧地、快速地给它按摩时，她能感觉到有小疙瘩，那是它的疤痕。

一个每天都来马场的年轻学徒抓住了安迪奥，把它从母马身边拖走，带进了马厩。它仰起头来，嘶吼着，颤抖着。

演员玛丽·博伊默此前在普罗旺斯的马场上租了一套公寓。

她听到了院子里的呼声和嘶叫声，现在她迈着轻巧、果断的步伐走向马厩，友好地请学徒离开，并开始与安迪奥交谈。她将手放在它的背上，当它继续后退时，她拿起水管，慢慢地让水流过它的腿——水可以让马平静下来。安迪奥的呼吸变缓了。

玛丽·博伊默告诉我们，在大多数马场，人们几乎不再饲养任何种马。据说，母马和阉马更平和，更好养。但玛丽·博伊默喜欢种马的古老力量。她在它们身上看到了高度的敏感性，同时也愿意顺从人们的意愿，与人建立联系。其中，她认为伊比利亚马种卢西塔洛马尤其敏感。

在训练场上，她递给了我练马索，我需要站在一个地方，用左手做邀请的手势，右手做命令的手势，让安迪奥围着我走一圈。我尝试了一下，安迪奥一动不动。她纠正我站立和呼吸的方式，并要求我在安迪奥面前站得笔直，并保持镇定。然后，我又试了一次：左手邀请，右手命令。安迪奥开始小跑，围绕我转圈。

玛丽·博伊默深信，身体通过微小的动作可以互相带动，一个人的镇静或紧张会转移到另一个人身上，人和动物通过他们的感官联系在一起。据大脑研究，人类只有20%的感知是通过思维来实现的，而80%是通过我们的感官来实现的。我们通过听觉、视觉、嗅觉感受对方，从而建立起一种联系。玛丽·博伊默猜想，这一比例高达10%到90%。法国哲学家勒内·笛卡尔认为人类的思想定义了存在和感知，并说出名言"我思故我在"，与他不同的是，玛丽·博伊默说："我感故我生。"那些善于感受自己，同时也与其他人、与动物、与自然建立联系的人，就会有自我感知，也能让别人信服。感受自己也意味着身处当下。对她来说，感性和存在感是紧密相连的。

作为尤塔·霍夫曼（Jutta Hoffmann）的戏剧课学生，而霍夫曼的课程又受到布莱希特戏剧的影响，她学会了细节性地感受，以便在舞台上实现当下的表达，并与她要展现的角色建立联系。"这就是表演中的神奇时刻"，玛丽·博伊默说，"它就像一条无形的红线，透过场景指引着你——就像思想和感觉的对话，紧张和放松的对话"。她称其为"出场的从容"。

在《妇女与权力》一书中，玛丽·比尔德描绘了妇女为在公众视野中受到关注而不断进行的斗争。她说，对于所有行业的女性来说，一个重要的、常年存在的问题是如何吸引别人对自己的关注，如何让别人倾听自己的声音。这种"误导性干预"——想说些什么，想引起别人的注意，但却没有做到，一些男人也经历过，但对女人来说，这是一种典型的、不断重现的经历。

记者彼得·道森特（Peter Dausend）和霍兰德·科诺普（Horand Knaup）在他们的《你不会是一个人》（*Alleiner kannst du gar nicht sein*）一书中证实了这一经历，他们在书中描绘了议员的形象。其中的女性议员一再报告说，当女性发言时，男性根本就不听。

玛丽·博伊默教其他人如何更加有存在感。现在，到了中年，她可以把自己年轻时学到的东西传授下去。她教未来的演员和所有想与她以及她的马一起学习的人训练他们的感官。这些马匹课程的参与者主要是像玛丽·博伊默一样处于中年的女性。她们所有人一直在问这些问题：如何让人看见我？如何引起对自己的注意？对女性来说，她们也想知道她们为什么行动，要做什么，她们不想总是被自己的无意识引导，不想经常重复同样的错误。然而，玛丽·博伊默认为，更好地了解自己不仅仅是头脑的问题，也是一种感官的问题。"随着年岁增长和不断练习，感官会变得越来越敏感。"她说。这会带来稳定性、内在力量和帮助你被人看到的存在感："身体是一切的关键。"

当我们中午带安迪奥回到它的马房时，我尝试理解玛丽·博伊默所说的话——人们应该感受此刻正发生的事情：太阳烘烤着我的皮肤；待在石松的树荫下很凉快；石松的味道闻起来很涩。我们在石松下的桌旁坐下，农场主给我们拿来了蜜瓜。蜜瓜吃起来又甜又多汁；上面的火腿又硬又干又咸；玫瑰葡萄酒很凉爽。

玛丽·博伊默也相信精神分析理论所证实的这一点，每个人的内心都承载着各种情绪，愤怒、恐惧、喜悦、平静："凭借我们想象的力量，我们可以获取我们内心鲜活的东西，我们的核心本质。我妈妈总是说：'你天生就有一个大盒子，里面有你需要的一切，你只要打开它，抓住它就行了。'"

玛丽·博伊默 1969 年出生于杜塞尔多夫，在汉堡长大。一家人住在布兰肯内泽，这是汉堡近郊的一个区域，位于易北河岸边的一座小山上。她曾和姐姐在易北河的山坡上玩耍，有些地方的地形会陡然向河面倾斜。母亲知道这一点，但还是让孩子们玩他们的。"我们的父母给了我们自由，但也给了我们一个框架，他们是'六八'一代，而我们刚好错过了反权威的教育。"如今她将在家中学到的东西应用到了自己和她的马身上："用充满爱的严厉给予支持。"

她的父母都是华德福学校的学生。玛丽·博伊默从一所文理中学转学到了华德福学校，并在这里学会了训练自己的感官：学生通过跳舞学习抽象的东西，园艺和唱歌属于学校课程的一部分。学生的认知、创造、实践技能得到了共同提升。

玛丽·博伊默还把她的儿子（现在已成年）也送到了华德福学校："我仍然觉得这种方式令人兴奋"，她说，"尽管也存在着教条主义的危险，尤其是在德国，有时人们会缺乏与时俱进的意愿"。自华德福教育创始人鲁道夫·斯坦纳（Rudolf Steiner）于1925年去世以来，确实发生了很多事情。

高中毕业后，玛丽·博伊默骑行了几个星期穿越法国的布列塔尼（Bretagne）。她曾在马厩的某个地方、野外或陌生人家里过夜，她不得不说法语。她喜欢这门语言的旋律，喜欢和这里的人们一起庆祝用餐。那时她就知道，她想住在法国。

即使在她写第二本书的时候，她也再次回到了布列塔尼，住在海边的基伯龙（Quiberon）。这也是她最著名的电影《基伯龙三日》的取景地，该片讲述了《明星周刊》对女演员罗米·施奈德的一次著名采访——一年后，她就去世了，年仅43岁。

罗密·施奈德很容易陷入情绪和氛围，她看上去充满了感性，能够扮演具有破碎感而又耀眼的角色。她酗酒抽烟，试图用药物来平息情绪的爆发。她来基伯龙也是为了疗养。她在这里接受采访时的标题是："此刻我完全崩溃了。"

早在饰演罗密·施奈德的这部电影之前，玛丽·博伊默就经常被拿来与她比较，玛丽·博伊默的长相和她很像：高挑的眉毛，柔软的嘴唇，高高的颧骨，加上温柔的声音。但玛丽·博伊默具有能够承认自己局限的魅力。她将这一点归结于她的父母，他们活泼，富有艺术性，但让她理解了结构问题，从而获得了罗密·施奈德从未有过的支持。感性，没有任何形态，它会让人融化，它也会对抗人，甚至摧毁人。罗密·施奈德在她刚到中年时就去世了。

玛丽·博伊默在谈到自己时说道，当她演戏时，她会调动她所有的感官去贴近她的角色，但她并不会与角色融合。退出一个角色的能力与接近一个角色的能力同样重要。退出意味着通过感官重新回到自己的世界，从而回归自我。

玛丽·博伊默因扮演罗密·施奈德获得了许多奖项，包括在她将近49岁时获得的德国电影奖最佳女主角。对她来说，这部电影是一部史诗般的叙事作品，它就像一部她重新找回自我的电影，而这样的情况并不如她所期望的那样经常存在。

晚上我看她跳舞。邻居们请她喝了开胃酒，播放了拉美音乐。她转着圈，头发飞扬，来回挥舞着她的扇子，她是舞池的中心，展现了她之前所说的：感性和存在感。玛丽·博伊默为此找到了这样一种形式。

风格

时装设计师特尔舍·布拉伦和苏珊·格罗恩克：
为自信女性所做的设计

特尔舍·布拉伦（Telsche Braren）和苏珊·格罗恩克（Sus-anne Gröhnke）的商店位于一条十分漂亮的街道上：这是一条铺有鹅卵石、有着德国经济繁荣时期建筑的小街。她们开店的那一年，我刚搬到汉堡，碰巧住在附近。我当时 27 岁，是一名年轻的编辑，那是 1996 年，我无法想象能给自己买到像我在商店橱窗里看到的如此漂亮的衣服。我每天在去地铁的路上都会经过这家店，当夏季或冬季结束后，两位设计师会把季末甩卖的衣服挂在店门口的杆子上。几年后，我开始一季一季地挑选衣服。当我有了足够多的衣服时，我可以进行组合搭配。我从来没有放弃过任何一件，尽管我现在的年龄几乎是我第一次站在那个商店橱窗前时的两倍。这些年来，我发生了变化，我的风格也发生了变化，但这些衣服很经典，仍然很好穿。不知何时，我就意识到，在德国的商店买的这些衣服，或在邻国生产的衣服，从长远来看，并不比用低质量的面料匆匆缝制而成的其他服装的总价更贵，而且那些服装穿不了很长时间。

两位女性设计师与我年龄相仿，一位较年轻，另一位较年长，她们都到了中年。她们在一起工作了二十多年，知道维持自己的时装系列、自己的商店和一个有着三名长期雇员的小团队是怎样的艰难又快乐。

几代人以来，时装设计主要为男性的天下，就像任何形式的创意行业一样——可可·香奈儿是一个罕见的例外。卡尔·拉格斐、于贝尔·德·纪梵希、约翰·加利亚诺、亚历山大·麦昆决定了女性应该穿什么。到 1997 年，多纳泰拉·范思哲在她哥哥詹尼去世后成为品牌的首席设计师，同年，斯特拉·麦卡特尼接任蔻依（Chloé）的负责人，这种情况才慢慢改变。第二年，伊莎贝尔·玛兰在巴黎开设了自己的大型服装专卖店。现在，维吉妮·维娅在香奈儿接替了已故的卡尔·拉格斐。丝黛拉·麦卡妮、伊莎贝尔·玛兰和维吉妮·维娅都出生于 1962 年至 1971 年间。

这些女性加入了男性时装设计师的行列，而当时的巴黎出现了这样的问题：在一个以女性为核心的行业中，你难以想象对女性的蔑视程度会有多深。许多模特看起来苍白、瘦弱，而且还未成年。克劳迪娅·希弗是一个例外。到现在，对于那些关心自我价值的女性来说，高级时装设计的世界仍然不是一个理想之地，但有些改变正在发生：时尚界，女性的正常体重已经成了一个重要话题，现在中老年女性也受到了人们的关注。来自法国的芬妮·卡斯特在伦敦成功创立了品牌"年长女士反叛"，类似阿里·塞斯·科恩这样的时尚博主也会在她们的照片中展示60岁以上的女性风采。

在20世纪60年代，时装设计师才开始关注年轻人，在此之前，年轻人穿的几乎和他们的父母一模一样。到今天又是如此，但原因不一样了：现在两代人之间的差距不再像现在中年人的青年时代那样深。与我们母亲那一代人不同的是，当时的他们只是"到达"了中年的某个节点，这也表现在了穿着风格上，而今天，50岁的人仍然在前进，与时俱进，包括时尚潮流。大型纺织品供应商认为，各年龄层之间的界限正在消失，他们更倾向于通过生活方式和生活态度来划分人群。

对于像特尔舍·布拉伦和苏珊·格罗恩克所经营的小品牌来说，也是如此。她们服装系列的风格是不受时代影响的，但并不是保守的。顾客与设计师一起变老，同时又加入了年轻的顾客。她们表示自己的顾客群体从20多岁到70多岁都有。

她们每天都在商店里，可以直观看到自己的衣服在顾客身上的样子，他们会听到一些生活故事或了解到这些衣服的用途：用于工作面试，用于出版商给他们作者进行照片的拍摄，用于在办公桌前工作一整日，所以这些衣服既应该上档次，也要舒适。多年来，两位设计师对如何在服装上体现自信的女性气质有了很好的认识，从而塑造出了自己的风格。

人们在选择衣服时，会考虑给他人的印象，而比起男性，人们评判女性的方式更多的是通过衣服。苏珊·格罗恩克说："如果一个男人穿上西装，穿得相当整洁，没有人会仔细看。如果换成女人，情况就不一样了。"这不单单是因为男性会更仔细地观察女性，也是因为女性对其他女性的批判，根据发表在《社会心理学和人格科学》杂志上的一项研究，女性会无意识地相互竞争。"被视为有吸引力或滥情的女性"会感受到来自其他女性的"间接攻击"，因此倾向于采取"缓和策略"：她们宁愿选择更保守的服装。

因此，服装问题确实是重要的——女政治家们知道，人们对她们的评判更多的是看她们怎么说，而不是说什么，更关注的是她们出现的方式，而不是代表的立场。你可以认为这是错的，但人们的反应方式是无法通过洞察力和理性轻易改变的。

衣服是每个人生活的一部分，而生活本身也反映在衣服上。女性每天早上站在衣柜前时，都要问"我要穿什么"这个问题。而这个问题只是另一个问题的一个变体，即："我想成为谁？"

特尔舍·布拉伦和苏珊·格罗恩克最初是通过这家店认识的，她们在一次"相亲"（Blind Date）中遇到对方，苏珊·格罗恩克笑着说。特尔舍·布拉伦继续补充道，两人都曾想开创自己的事业，都有自己的产品线。她们觉得共享空间的想法不错，因此有几个季度，店里挂着两个不同的系列，特尔舍·布拉伦的衣服在一个架子上，苏珊·格罗恩克的衣服在另一个架子上。从一开始，她们就很欣赏彼此的设计，在某个时候，她们尝试出了一个联合系列，效果非常好，于是她们便成立了联合品牌。

苏珊·格罗恩克是她们俩中年长的一个，她走的是一条与特尔舍·布拉伦不同的道路。她在汉诺威的一所政治上"左倾"的文理中学上学，在那里她和其他人参加了毕业考试，但对资产阶级和学术履历持怀疑态度，于是他们决定不上大学，而是去做手工艺学徒。苏珊·格罗恩克参加了裁缝培训，她从祖母那里学会了缝纫。祖母在战后为她的女儿们用窗帘布做了裙子，后来也为她的孙女做了裙子，苏珊·格罗恩克最喜欢的是一件白粉细方格的、佩领带的裙子。

苏珊·格罗恩克在学徒期间发现，汉诺威有很多活动，并不是像传言的那样无聊。她所在的定制工作室为迪斯科演唱组合"波尼 M"（Boney M）制作过亮片服装，为"蝎子乐队"（Scorpions）制作过皮夹克，为"凯斯勒双胞胎"（Kessler-Zwillinge）制作过舞台表演服装。之后她在维也纳国家歌剧院的服装部门实习，学到了很多高端剪裁工艺的知识。但后来她决定在汉堡阿姆噶特大街的技术学院学习时装设计，她想自己创业。

特尔舍·布拉伦在青少年时期是德国最快的游泳运动员之一。学校和训练构成了她的日常生活，她每周游泳六次，总共 18 个小时。但后来她得了花粉症，不得不停止这项运动。这对她来说是一个打击，但她很快就为终于有更多时间画画、缝纫和外出而感到高兴。她 14 岁时，在家里找到了一些废弃的天鹅绒布料，研究了她祖母的辛格缝纫机，缝制出了她的第一条长裤。还可以让它看起来更好，她心想，于是继续钻研。

后来她上了一所时装学校，在大学里设计的两个时装系列还获了奖。她在跳蚤市场买二手波斯羊羔皮，用干发喷雾清洗，重新裁剪，然后提供给高价商店。

她很早就有了孩子，如今她一共有四个孩子，40多岁的时候便当了祖母。为了陪伴她的孩子，她想以一种自主的方式工作——就像《态度》一章中的安婕·史蒂芬一样，她想把生活和工作结合起来。如果在一家大型时装公司工作，她很难拥有自己的生活。

特尔舍·布拉伦和苏珊·格罗恩克开店的时候，她们的孩子年纪还很小，她们可以互相提供支持。她们彼此相伴，一个人可以弥补另一个人当时无法完成的事情。她们不仅与客户关系密切，而且彼此之间的关系也很密切，既是同事又是朋友。她们都能感知对方的情绪，新系列的创意就是这样诞生的。

例如，苏珊·格罗恩克谈到她最喜欢的电影《秃鹰七十二小时》，一部20世纪70年代的经典电影，特尔舍·布拉伦从这部电影中获得了灵感，创作了一个时装系列，其颜色让人联想到电影的氛围：开心果的绿和辣椒粉的红。

每年有两次，销售代表们会带着新的布料过来。两位设计师凭借自己的直觉订货，并且总是能立即达成一致。如果她们中有一个人不能被说服，她们就会把样品扔一旁。她们每次会买两到三种冒险的新布料。"我们希望给我们的女性顾客带来新的刺激。"特尔舍·布拉伦说道。

"最主要的是，必须得酷，要真的酷。"苏珊·格罗恩克感叹道，然后试图继续寻找词语来描述："高贵、慵懒、优雅、自然——绝对不是依靠化妆。"她喜欢设计长裤西服套装，"它们可以看起来如此之酷，又如此性感"。然而，她的客户目前对西装不是很感兴趣。"我们支持裙子，一直以来都是这样，现在每个人都想要裙子。但是西装的时代会再次到来。"

1970 年，政治家莱内洛特·冯·博特默是第一位在联邦议院演讲时穿长裤的女性。由此还引发了丑闻，但越来越多的女性仿效她。从 20 世纪 70 年代开始，长裤象征着男女平等。然而，多年来，这场争论一直遵循着一种另外的逻辑：据说，为了感受到平等，女性必须表现得像男人一样，而这只会进一步巩固"男人是标准"的看法。对此，历史学家玛丽·比尔德在她的《妇女与权力》一书中也提出了自己的看法："对于一个强大的女人该是什么样子的，我们没有任何范本——除了她看上去颇像个男人。然而，标准的长裤套装，或至少穿裤子，同时也是一个简单的技巧，与故意采用低沉的声线讲话一样，裤装会使女性看起来更男性化，因而更适合手握权力的角色。"

女性的着装方式表达了她们如何看待自己或想要如何看待自己，她们是谁，以及她们自己需要什么样的女性气质。对于特尔舍·布拉伦和苏珊·格罗恩克来说，自信的女性气质并不以男性的形象为导向。她们设计了适合职业女性的服装，但没有照搬男性的时尚。服装的剪裁突出了女性的身形。

针对所谓"职场妈妈"的目标群体，即不得不办公室和操场来回跑的上班族妈妈，近年来，人们已经生产出了更有弹性的面料。现在的棉织物中混有 2% 至 5% 的氨纶，如果是衬衫，甚至会有高达 8% 的氨纶。这是当今设计师对年龄增长所做出的唯一让步：更柔软的面料，虽然是强调身材的剪裁，但也用褶皱掩盖了腹部的隆起。将时髦与舒适相结合，这是当今许多时装设计师的目标，他们聚焦于中年女性，而这与真人秀女演员金·卡戴珊的那种和优雅没什么关系的慢跑裤风格不同。

特尔舍·布拉伦和苏珊·格罗恩克会观察女性如何变化，女性气质的概念如何变化和发展。她们会思考女性可能需要什么，什么能让她们看起来自信洒脱，无论多大年纪。对于特尔舍·布拉伦和苏珊·格罗恩克来说，这件事本身的乐趣是促成她们几十年前联手开店的冲动。她们的创造力、灵感和创作自由使她们不断前进。诚然，她们的成功需要一再奋斗争取，并且具有不确定性，就像所有创造性的职业一样。但是，"超越自我的愿望"是她们的动力，是幸福的关键，苏珊·格罗恩克说道。"当一个系列创作完成后，往往会有一件我们认为非常完美的作品，因此实际上我们是可以停下来休息的。但紧接着半年后，我们就会想，也许它还可以更好一点。"

欲望

气候研究员弗里德里克·奥托：欲望自由的权利

性、欲望、兴趣不是年龄的问题，至少不绝对是。正如澳大利亚精神病学家洛林·丹纳斯坦（Lorraine Dennerstein）在一项研究中所表明的那样，即使激素水平在某个时候下降，它对性的影响也远小于关系问题。

如今，摆脱一段不愉快的关系比起过去要更容易，结婚25年后离婚的人数在增加。在德国，20世纪90年代初期，这个数字是9%，现在已经是原来的两倍。[1] 但这也可以是一种幸福的方式，在一段关系中一次次地重新寻找爱情。弗里德里克·奥托（Friederike Otto）为自己选择了这条道路，因为对她来说，自由和独立不仅仅意味着爱和追求一个人。

---

[1] 数据来源：https://de.statista.com/statistik/daten/studie/1346/umfrage/anzahl-der-geschiedenen-ehen-nach-ehedauer/。——作者注

所谓的"六八"一代已经在尝试这种生活方式,弗里德里克·奥托的父母就是这一代人中的一员。他们处在传统的婚姻中,但性对他们来说并不是禁忌。他们传达给女儿的是,性是美好的,一个人拥有的每一段关系都会丰富他们的人生,哪怕这段关系变得复杂,也是正常的。

所以弗里德里克·奥托在学生时代就做出了尝试,她对其他人的身体很好奇,同时也很享受自己的身体。她说,她因此遭受了很多同学的霸凌,他们会在她的本子上写上"荡妇",也会直接这么叫她,她的东西总是被扔进垃圾桶。这种情况持续了很多年,所以当她终于拿到高中毕业证,能够离开她长大的小镇时,她感到很高兴。接着,她来到柏林学习物理。在这里,她所接触到的关于爱、伴侣关系和性的想法及概念更适合她。

她认识了一个年轻男人,并与他发展了长期的恋情,在这段关系里,她很幸福。"但我意识到,我不适合一夫一妻制。"当她告诉他,她还想和别人发生性关系时,他很受伤——她也能够理解。而如果放弃自己的需求就意味着背叛了自己的一个重要部分。

弗里德里克·奥托现在拥有物理学硕士学位、哲学博士学位,她是气候研究领域的教授和牛津大学环境变化研究所的主任。她参与开发了"归因科学",这是一种可用于计算自然灾害与气候变化之间关系的科学方法。这也是她所著的书籍《愤怒的天气》的内容。

弗里德里克·奥托是一个身材苗条的女人,有着丰满的嘴唇和一双严肃的眼睛，一处眉毛打了一个眉钉。她把金色的头发紧紧地扎在脑后。她和儿子住在一栋带花园的房子里。阁楼上还住着一个朋友。"她男朋友经常过来"，朋友说。起居室通向厨房，一只大狗躺在地板上睡着了，壁炉台上放着朋友、家人的照片，还有一张她和儿子以及孩子父亲的照片。他们两人在一起已经超过 15 年了。他们相处得很好。这是一种开放的关系。"当我们成为夫妻时，一直有人说我不能对他那么做。这很不好受。他也经常被告知，他不能做出像我这样的行为。即使对他和对我都适用于同样的规则。""现在，他常常遭人嫉妒"，她说道。他们彼此之间没有秘密，他们不必向彼此隐瞒任何事情，也不必说谎。

所谓外遇的数字时高时低，但可以肯定的是，许多人很难长期保持忠诚。大多数人在爱上别人或发生婚外性关系时不会告诉他们的伴侣。记者弗里德曼·卡里希（Friedemann Karig）在他的《我们如何爱：一夫一妻制的终结》一书中算了一笔两个人在一起的账："一夫一妻制的日常生活：撒谎、欺骗、伤害、离开。附带损害：20% 单亲父母的负担，每年 16 万离异家庭孩子的悲痛，无数的眼泪、争论、治疗。"夫妻心理治疗师丽莎·菲施巴赫（Lisa Fischbach）在和她的同事霍尔格·伦特（Holger Lendt）合著的著作《忠诚并非解决之道：为自由而活》中写道，许多夫妻虽然一生都忠于对方，但并不爱对方。相反，其他夫妻对彼此不忠，但却彼此相爱。根据菲施巴赫的说法，信任比"身体上的排他性"更重要，前提是双方对一段关系有类似的想法并保持交流。

　　弗里德里克·奥托和丈夫不断调和他们的想法，并在他们有
分歧时寻求其他共同的规则。他们两个人不在一起生活，虽然大
概了解对方的爱情生活，但他们不认识对方的伴侣。他们会拿出
很多时间相处，通常是一整个周末，和他们的儿子一起。另外，
对他们来说，双方能够自己挣钱是很重要的。"如果因为某些原
因没有做到"，弗里德里克·奥托解释说，"那么那个人也不会变
得贫穷"。这样他们才会懂得一切会如何发展："会有一些艰难的
阶段，但这些让我们这对夫妇变得更加强大。"

　　关于弗里德里克·奥托和她的丈夫为自己找到的这种生活方
式，目前很少有类似的范本。我们的社会仍然深受异性恋小家庭
的生活模式的影响，将其视为普遍适用的规范。弗里德里克·奥
托说："我希望能告别异性恋规范的思想。"

　　历史和传统对人们的思想和感受有很大的影响——基督教的
所有主要教派都反对一夫多妻制，或一妻多夫制的婚姻，这就是
为什么在几乎所有的基督教国家，多配偶制长期以来都是被禁止
的。但在某些伊斯兰国家，在非洲的部分地区，这是允许的。新
几内亚的土著居民既实行一夫多妻制，也实行一妻多夫制。"多
元之爱"这个词出现在 1990 年，并通过互联网传播，从这十年
开始才被大量的人使用。然而，多元之爱很早就实行了，但在所
有的时代和文化中往往是隐秘的。

　　多元之爱指的是一种爱情生活的形式，即一个人在彼此知情
同意的情况下与多个人恋爱交往，保持开放的态度。多角关系是
由爱情的感性，还有浪漫的一面来定义的，在这一点上，它们与

所谓的自由性爱不同，后者是纯粹的肉体关系。

弗里德里克·奥托常常但不是次次都爱上与她发生性关系的人。所谓的一夜情在她身上很少发生，但她确实有她称为"性伴侣"的朋友，偶尔会与她的男性朋友发生性关系。

有时，她需要几年的时间才能再次坠入爱河。她也知道爱情所带来的各种痛苦。例如，她与一个已婚男人有长期的婚外情，她非常爱他。但他不得不隐瞒这种关系，因为他不想伤害他的妻子，也不愿危及他的婚姻。弗里德里克·奥托不得不听从他的安排，什么事情是可行的，决定权在他。出于自发性或仅当她觉得有必要的时候，他们不能见面。"我觉得这让我在情感上非常疲惫。"她说，"这种权力关系不再是正确的，对一段关系来说是不利的。"在短暂的沉默之后，她笑着补充道："我不会宣称我处理关系的方式是完全没有戏剧性的。"

多年来，互联网一直在影响着人们寻找和发现爱情的方式。过着多配偶制生活的人发现，在浩瀚的网络中找到志同道合的人要比在他们周围环境中更容易。以色列社会学家伊娃·易洛斯在她的《为什么不爱了》一书中写道，在我们"超连接的现代社会"，即在随意约会和网络性爱的时代，身体已经成为商品，爱情也成为一种消费品。不过，弗里德里克·奥托并不是通过约会软件或网站来认识与她发生性关系的人，她也不是有意地去寻找他们。对她来说，欲望并非完全是关于外表和肉体的问题；对她来说，最重要的是能够与对面的这个人进行交流，她认为存在着一种心灵上的情欲主义。

卡佳·勒维纳（Katja Lewina）说："在我们的生活和性方面，游戏规则的制定权在我们手里。"她在《她有兴趣》（*Sie hat Bock*）一书中沿着自己的性爱经历探索了女性的欲望。作家兼记者多丽丝·安塞姆（Doris Anselm）在她的小说《皮肤女朋友》（*Hautfreundin*）中，描写了主人公的"性传记"——她主动接近男人并让他们成为自己的情人。说唱歌手和《亚拉，女性主义！》一书的作者雷伊汉·萨欣（Reyhan Sahin）将自己的艺名"Lady Bitch Ray"视为妇女解放的进步。作家梅利·奇亚克在她的《作为女人》一书中写道："认识美、体验性和感受快乐的能力并不是成功生活的结果，而是先决条件。思考生活却从不行动，这简直糊涂。如果不这样的话，做女人还能意味着什么呢？当我想到我的身体时，我想到的是一个有要求、有欲望、能被满足和满足他人的身体。但我根本不会想到两人同住在一个屋檐下。"

她们都与弗里德里克·奥托的年龄相仿，弗里德里克·奥托出生于1982年，因此是本书中最年轻的主人公。她们属于参与发起所谓的第四波女性主义的一代女性，并为自己重新定义了女性的性欲，正如埃里卡·容（Erica Jong）和她的小说《飞行的恐惧》为她母亲那一代做出的贡献那样。对这些女性来说，自决和自由是女性主义的一个必不可少的方面，就和前几代女性主义者一样。生于1945年的本书最年长的主人公黛比·哈利也曾与她的挚爱保持着多年的开放式关系。现在，他们分开了多年，这个男人仍然是她最亲密的朋友之一。

弗里德里克·奥托这一代人，现在已经接近中年，自然已经不像黛比·哈利那样受到异性恋规范的影响。对这些女性中的许多人来说，女性气质、情欲和欲望是一体的，她们的生活独立于"规范"之外——尽管这仍然还是一条充满痛苦的道路，在这条道路上也没有太多的范本参考。

规范体现了传统的关系，即男人和女人之间长期以来的绝对优势关系，并且这种情况往往还仍然存在。这种关系具有限制性，即使是对于那些本应从中受益的人。然而，像弗里德里克·奥托生活所展现出来的、新的开放式模式和体验会让人产生冲动，即使是对于那些完全不愿也无法想象这种情况的人：爱上除生活伴侣以外的人并对其产生欲望。毕竟，能看到其他可能存在的道路，总会让人感到丰富。

开放式的爱情和欲望让友谊变得更加重要，而被普遍视为通往幸福之路的小家庭模式，也逐渐失去其重要性。文化记者乔·舒克（Jo Schück）在他的《裸身酒店》（*Nackt im Hotel*）一书中写到了这一点。对此，弗里德里克·奥托在她自己的房子里有类似的经历，她、室友以及室友朋友。到周末，当她的伴侣过来时，他们经常五个人待在一起。弗里德里克·奥托的儿子在读幼儿园时曾被要求画家谱，她在一旁提供帮助，向他解释里面的关系，他仔细聆听着，但却越来越困惑。对他来说，有些不太对劲的地方。"这不正常"，他说道，"只有男人和女人才会结婚，而且只会结一次"。

记忆

朋克歌手黛比·哈利：与自己的过去和解

那是她被送养的日子。生下她的那个女人把她送到了收养机构。一对夫妇在那里接走了她，也就是后来被她叫作父母的人。她当时只有三个月大，这对她来说肯定是没有印象了，但父母带她去了小农场游玩。"我还知道我被抱着到处走，我非常清楚地记得那些耸立在我头上的巨大生物。"黛比·哈利（Debbie Harry）在她的自传《面对现实》（*Face It*）中这样描述。"他们总是说，对特别早的童年时期有记忆不太正常。但我记得很多。"她写道，并用她的高敏感度来证明这一点。

研究并不支持人们有可能记住这种早期经历的观点。但毫无疑问的是，感知和记忆的能力因人而异。高度敏感的人对刺激的接受能力较强，因此吸收刺激的能力也较强。幸福研究员迈克·维金（Meik Wiking）在他的《创造记忆的艺术》一书中描述了注意力和记忆之间的联系："如果你在某种情况下不专心，你就不会记住它。"

在黛比·哈利的自传中，她谈到了很多关于恐惧的故事——当她第一次在学校登台表演时，当她纽约的公寓被烧毁时，当她没钱时，当她被一个后来证明是连环杀手的男人带上汽车时，当一个又一个和她一起成名的人提前死去时：为她制作了一幅丝网印刷肖像画的波普艺术家安迪·沃霍尔，画家让·米歇尔·巴斯奎特，以及后来的音乐人大卫·鲍伊。

除了恐惧之外，还包含了一种无声的遗憾：她的亲生父母把她送走了；和恋人克里斯·斯坦（Chris Stein）在一起多年之后，却不得不与他分开，她曾与他一起创建了金发女郎乐队。但这本自传所传达的基本感受是满足、感激、幸福：她虽然没能留住她的亲生母亲，但通过收养机构，她后来发现自己也曾是被爱着的孩子。她的养父养母让她走自己的路，离开纽约郊区进入大都市，去到一个狂野的音乐世界，在那里，她成为朋克和新浪潮（new wave）的领军人物。

在谈话中，黛比·哈利也展现出十分从容、冷静和感恩的样子。你感受不到任何苦涩的感觉，她似乎能够接受她生命中的悲剧，这些悲剧就像发生在她身上的积极事情一样，共同塑造了她。她说："我越长大，就越意识到我是多么幸运。"

专家认为，在中年以后的生活中，人们的满足感会比以前更加明显。他们认为这是由大脑的结构和功能造成的。杏仁核复合体在对某种情况的情绪评估中起着主要作用，而年轻人的反应会比老年人更强烈。中年以后的人对具有快乐效应的细节感知更为强烈；他们也更能记住那些使他们处于积极情绪的事件。复原力研究提到了所谓的积极效应，它确保了即使是负面的经历也能得到很好的处理，人们可以承受住压力，可以调节情绪，并从中获得智慧，这种智慧与知识的关系不大，更多是与经验和判断力有关。

黛比·哈利听上去好像是个聪明的女人，但当她谈到她的生活时，她并不是从一个年长女性的角度来回顾早已过去的事情。因为过去构成她生活的大部分内容至今没有改变。她还是几乎每天都能见到克里斯·斯坦，她还是在世界各地旅行，依旧站在舞台上，在摄像机前摆姿势。她仍然是金发女郎，全世界都闻名的黛比·哈利。

黛比·哈利于 1945 年出生于迈阿密，本名为安琪拉·特林布尔（Angela Trimble）。那时，第二次世界大战在欧洲刚刚结束，只要再经历两个月的时间就会在各地结束。她还记得在她的童年中，无数的妇女失去了丈夫。在 1945 年，没有人能够想到，一个刚出生的孩子，在战争还在进行的时候被生下，又能够在没有直接经历过战争的情况下度过之后的人生。黛比·哈利如今也把这看作是极大的运气。

她的生母是一位钢琴家，而她的养父母是务实、保守的人。她无法满足他们的期望，因为那将意味着过一种传统的生活："我不能将父母告诉我的事情当作准则"，她说，"过去和现在，我都不惧怕做自己"。

她很早就清楚地认识到，她必须拓宽自己的视野："我不得不这样做。"她说道——她必须这样做，必须走出去，走向世界。而她的父母并没有阻止她，他们爱她的样子，他们知道无论如何都无法战胜女儿的固执。黛比·哈利在20世纪60年代去了纽约。当时，人们正在为第二次世界大战和整个世纪上半叶的动荡不安所带来的问题寻找政治答案。"当时存在着关于世界形势的讨论，关于如何实现和平的讨论，那是行动主义的年代。"她讲述道。

她找到的第一份工作是在英国广播公司的纽约办事处担任秘书。她不太擅长管理办公室，犯了很多错误，但没有被解雇。今天，她说她也很高兴：在英国广播公司，她认识了知名人士，了解了一个比她在家里了解的世界还要更大的世界。

她在一家俱乐部当服务员，头上戴着兔子耳朵，即使是这样，她今天回想起来也觉得很有趣，很心平气和：她说这份工作给了她启发，让她去思考不同的性别形象，而这也对她整个职业生涯造成了影响。她意识到，女演员玛丽莲·梦露，她一直以来的偶像，只是在电影之外扮演了一个角色，一个由男人的欲望创造出来的角色：噘着嘴，金色的卷发，丰满的曲线——玛丽莲满足了这种完美形象，甚至达到了讽刺漫画的界限。而黛比·哈利在纽约结识的变装皇后们超越了这条界限。

在与细高跟鞋乐队演出的那段时间，她爱上了克里斯·斯坦，一个来自犹太知识分子家庭的年轻人，她和他在一起十五年。她在谈到他时充满赞赏："我们的关系非常复杂但非常积极，在这段关系中我们相互帮助。通常情况下，女性会陷入与那些不一定有帮助的男性的关系中。但我有一个和我一样乐观的男人，他能够形成一种巨大的力量，和我一起推动和坚持我们在艺术上的设想。"

她与克里斯·斯坦一起创立了金发女郎乐队，并模仿玛丽莲·梦露的同名艺术形象。在照片中，她摆出半张嘴、半闭眼的姿势，她的头发漂了色，她表现得十分坚强、自信、性感。与玛丽莲不同，金发女郎的形象也应该有阳刚的一面，并从这种典型的阳刚和典型的阴柔的相互作用中汲取张力。在她最著名的歌曲之一《玛丽亚》中，她从一个修道院男学生的角度，唱出了他对遥不可及的女性的渴望。

当时在 20 世纪 70 年代，男性在音乐界的主导地位甚至超过了今天，行业中只有为数不多的成功女性。其中一个是帕蒂·史密斯（Patti Smith），她表现得十分男性化，至少黛比·哈利是这么觉得的，她在自传中也是这么写的："尽管在内心深处，我确信我们俩想要的东西基本一样，但我采取的方法与她不同。在许多方面，可以说我的道路是更具有挑衅性的。在那个时候，一个艺术上具有自决能力的女人，如果穿着明显带有女性而非男性内涵的衣服，显然是越界。而我的角色是大男子主义环境下，由男性主导的摇滚乐队里的一名极其女性化的先锋女性。在我们的歌曲中，我唱了一些当时的女性根本没有唱过的东西：我没有卑躬屈膝，而是请他回家，在他的屁股上狠狠地踢了一脚，把他赶出去，还踢到了自己的屁股。我的金发女郎角色是一个充气娃娃，具有黑暗、挑衅、攻击性的一面。我只是在扮演这个角色，但这绝对是认真的。"

不过，金发女郎乐队的成功并没有立即到来。克里斯·斯坦和她经历了艰难的时期，但如今，她也能看到这段经历的积极方面：他们不得不即兴创作，也因此找到了自己的风格。当时，生活在纽约的许多人都很贫穷，那些无法再支付租金的人悄悄地从公寓里消失，把他们的东西留在了那里。后来，有人会把它们扔到街上。黛比·哈利和克里斯·斯坦利用这些东西，将坐垫材料和枕套缝制成了衣服。如此形成的风格成为金发女郎乐队的标志。

1978 年，专辑《平行线》发行，歌曲《玻璃心》登上了美国音乐排行榜的榜首，也成为英国、德国、奥地利和瑞士的头号热门歌曲。20 世纪 80 年代初新成立的音乐电视台 MTV 促进了乐队的成功，于是，黛比·哈利创造的艺术形象金发女郎成为一个标志性的女神形象。其他歌手，特别是麦当娜，也模仿了她。如果没有玛丽莲，金发女郎是不可想象的，如果没有金发女郎，麦当娜也是不可想象的。然而，黛比·哈利今天表示，她总是把自己看作是一个艺术家，她当音乐家、模特和演员的动力从来都不是为了成就一番事业："我从来没有提前一天以上的计划，我不认为我有通观全局的能力。"

黛比·哈利在谈论所有的这些话题时，都是用一种客观冷静的语气，带着积极的情绪，还有人性的、宽容的、令人鼓舞的实用主义，她还谈到了年龄：没有人能避开它，当然，女性失去生育能力的年岁也发生了变化：生育能力现在与女性身份有着密不

可分的联系。"面对它"是她的生活态度——她从来不会企图去
回避一些不可避免的事情，她可以忍受它。

她也承认自己做了整形手术："为了自己和他人，我想让自
己保持良好的状态。我们都有责任去尽可能地照顾好自己。但我
们并不是都一样健康。在许多方面，我们面对我们的年龄是无能
为力的，但我们可以对我们的外表做些什么。公开谈论整容手术
是我为使女性和男性更容易接受这一点所做的贡献。"

现在，她已经能够把年轻时的恐惧抛在脑后，在她人生的裂
痕中，产生了一种智慧："如果你幸运的话，你会找到某个东西，
它会让你能够与自我相处融洽。"而这反过来又使人能够在中年时
回首往事，并像黛比·哈利说的那样："无论怎样，都是好的。"

男人

作家杰姬·托马埃：对异性的同理心

像许多叫杰姬的人一样，杰姬·托马埃（Jackie Thomae）原本叫作杰奎琳。它是20世纪70年代的一个时尚品牌，但后来名声不佳。当时有文章指出，叫杰奎琳的人在工作中获得的机会比叫夏洛特或苏菲的人要差。在这些文章出现的时候，杰姬·托马埃年纪已经很大了，她没有感觉到自己因为名字受到什么影响，而且，她的父亲是讲法语的。她称自己为杰姬是有自己的理由的，在她担任电视喜剧的编剧时，最好是有一个没有明确表明写信人是男性还是女性的电子邮件地址。

幽默被认为是一种男性品质。杰姬·托马埃说，她之前在电视编辑室时有人告诉她，这一点跟进化有关。女人需要她们的外表来打动异性，男人则需要幽默："我当时本来应该说，'你在开玩笑吗？'但我没有说。如果是今天，我会这么做。我在 Instagram 上关注了一些女性脱口秀演员，还在评论中读到：女人不好笑。这个世界在任何一处地方都不会突然改变。"

那时，在 21 世纪初，这样的话语是正常的。有时，女性也没有完全把这种话当真，要么就是不觉得每次都要去反驳。"我不认为这样的做法很好"，杰姬·托马埃说，"但我自己也就这么放任了。当时的我是可以和男孩一起玩的小女孩。当然，关于幽默的这一观点完全是无稽之谈。但我现在会经常性地和男性合作，也很愿意与他们一起工作"。

女性出生在一个父权制的世界。事实如此，没有谁能为此改变什么，即使是今天的男性也发现了这个世界是这样的。但是，一个不愿意去仔细思考角色模式的男性，凭借这个世界给他的关于女人的心理工具，也可以很好地度过一生。如果他不愿意的话，他甚至不必考虑自身以及自己在社会中的角色。另一方面，女性为了在其中找到自己的位置，不可避免地要与由男人创造、为男人服务的文明原则打交道。然而，通过一百多年来的女性主义运动，以及对性别关系的深入反思，女性获得了今天所谓的"话语权"；相反，许多男性发现自己在性别争论中哑口无言。

2017 年，当"MeToo"运动出现时，记者马库斯·布劳克（Markus Brauck）在《明镜》杂志上对此写了一篇评论："关于男性对自我的认识要如何改变，争论几乎还没有开始。许多人正在进行和经历的充其量是掩护撤退的后卫行动。他们被刺激了，感到不安，他们试图让自己脱身。而女性在顽强的斗争中一点点地占据着社会空间。她们进行反击，有了话语权。"布劳克写道，甚至没有一个与女性主义相对应的概念。"男性主义"主张男性的权利和需求，同时以反女性主义的方式进行争论，因为其拥护者坚持认为自己高人一等，布劳克视男性主义为一种"毫无意义的落后运动，是为了试图捍卫大男子主义的权力"。

杰姬·托马埃的主题原本是女性。2007 年，她与作家海克·布吕莫娜（Heike Blümmer）受到委托一起为女性写一本书，作为畅销书《一个男人一本书》的对应作品。《一个男人一本书》以幽默的口吻教"男人如何驾驶一架波音 747 飞机着陆""如何打领带"以及"如何成为教皇"。当杰姬·托马埃和她的合著者思考为女性编写的类似书籍会是什么样子时，她们突然意识到这并不是那么简单。这些书需要分别以男性和女性的典型愿望为出发点。杰姬·托马埃和她的合著者必须要找到这些愿望是什么："男性被认为有令人印象深刻但不复杂的愿望。一旦他学会了降落波音 747 飞机——在可衡量的时间内完成，比如说 15 分钟，他们就会因此感到开心。而对女性来说，就不存在这种宏大的精确着陆的愿望了。我们发现，我们的愿望长期有效，其中许多还涉及到其他人。简而言之：没有一个女人会因为成功完成一项特技而变得快乐。对于一个女人来说，愿望意味着家人健康，丈夫快乐，自己也幸福，她需要管理好一切，同时维持一个美丽的形象，然后还要祈祷：亲爱的上帝，不要让我的父母发生任何事情。"

《一个女人一本书》于 2008 年出版并获得了成功。但作为一名自由撰稿人，杰姬·托马埃不想局限于为女性提供的材料：

"用封面上的普罗塞克酒杯或高跟鞋足以缩小目标群体的范围，或将男性读者排除在外。"她承认，存在一些好的所谓的鸡仔文学（Chicklit），但她不想和它们有任何关系。光是鸡仔文学这个词就能看出她为什么不想接近这一类型的书。

她所提到的现代女性文学作品中，总是出现同样的情况：这个女人感到不满，尤其是对自己不满意。"有时人们会以一种非常有趣的方式讲述，然后女人努力走向她的幸福结局，而这总是意味着：男人！自简·奥斯汀以来，这一点并没有真正改变。"她表示，女性杂志坚持的原则是，女性是她们自己最大的敌人，而她也不想为这一点服务：如今，成为美女和母亲必然也包括职业上的成功，这更增加了女性的压力。"也许往往是这种取悦所有人的要求，使女性更难于经常说不，或更难于谈判。"然而，这里产生的完美压力并不是来自于男性，而是来自于女性本身："人们试图达到的所谓的男性完美形象在过去一直是一种幻想，但它们仍然持续存在，今天甚至比以前更难实现。"

关于什么是"男性"和"女性"，什么是固定的，什么是可以改变的，以及如何持续复制的讨论，已经持续了几十年了。这场讨论是在20世纪90年代初由美国哲学家朱迪思·巴特勒通过其作品《性别麻烦》引起的，她不认为传统的男性或女性身份是与生俱来的或必然的，她认为这是被社会文化所建构的。

在杰姬·托马埃的最新小说《兄弟》中，两个主要人物都是男性。就像杰姬·托马埃本人一样，他们出生于20世纪70年代初，她通过传记形式来讲述他们如何成为中年男人。她说，创造男性角色并代入感受是很有趣的一件事，就像她的第一部小说《清楚的时刻》，其中她也从男性角度讲述了几个章节。当时，她曾希望能有一个男编辑，后来也如愿了。她还与这位男性编辑在《兄弟》一书中合作。但他的观点对她来说不能全然理解为男性的观点，因为唯一的男性视角也不够，和完全从女性视角看没太大区别，她说："我肯定需要编辑的评估，但不是因为他是一个男人，而是因为他是他自己本身。"

杰姬·托马埃 1972 年出生于萨勒河畔的哈勒，在莱比锡长大，没有父亲的陪伴。她的父亲来自西非的几内亚，曾在民主德国上大学。"我从各个角度看待并感受这个问题，在某个时候我得出了这样的结论：这是可以接受的。"她表示。"没有像广告里那样美好温馨的家庭，造成孩子不在父母身边长大的原因有很多。而没有父亲并不意味着人生就无法完整。"

当她的父亲再次进入她的生活时，她已经 40 多岁了，她觉得自己终于结束了这个话题："所以这种感受并不像在电视惊喜节目中人们泪流满面地拥抱对方的感觉。"然而，还有一些问题没有得到解答，例如，有一个她的母亲作为一个欧洲人，从未能够为她解答的问题。"在非洲，你不以你的国籍来定义自己，而是以你的种族来定义自己。为了弄清楚出身的故事，我需要我的父亲。"

在她的父亲突然与她联系后不久，她去看了心理治疗师。"我想，在这种特殊情况下，与一位专业人士交谈是很好的。而且，在这里，每一个心理学家都会觉得受到了认可：我真的想和一个年长的人谈谈。"她找了一位老先生，向他讲述了她的故事，后来这位老先生把头歪向一边，说："现在我们来看看你为什么没有结婚，也没有一份固定的工作。"

与心理治疗师的这一幕很好地证明了，一个人对自己的看法与别人对自己的看法有多大的不同，杰姬·托马埃说："这个男人眼中我生命里看似缺少的东西，我至今根本就没有缺少过。"

让她感到震惊的是，人们提到她父亲的次数比提到她母亲多得多。当大家在读书会上介绍她时，总是说："她的父亲来自非洲，在民主德国学习医学专业，她的母亲是东德人。"这句话，她看过无数次，也听过无数次，直到有一次，她终于在一次公开活动中说道："顺便说一句，我的母亲上过大学。"她说，当时有掌声。她很高兴，因为这表明"观众也注意到了这种不平衡的现象"。

杰姬·托马埃正坐在柏林一家咖啡馆的花园里，这是她生活了几十年的城市。外面已经很凉爽了，但里面很闷也很吵，她更喜欢在外面。她穿得也很暖和，穿着男人也能穿的衣服，毛呢长裤，羊毛毛衣和轻薄的棉服马甲。如今，这样的衣服在她身上，就像在大多数女性身上一样，看起来并不男性化，同样，这在男性身上看起来也并不女性化。

当杰姬·托马埃在讲到精彩部分时，她总是眼睛先开始笑，然后眼里闪出微光，嘴角上扬，最后展露出灿烂的笑容，有时，当她说的或观察到的东西非常有趣时，她的笑容会变成一个极具感染力的笑。

她善于仔细观察他人，看清事物结构，但对判断持谨慎态度，更喜欢宽容和同理心。她的幽默感也起了作用，这不仅是凸显问题的手段，而且也有利于处理问题。

因此，她更愿意从积极的角度看待男女之间的关系，而不是费心斗争。她说，世界不公平，这并不是什么新鲜事。对女性来说，研究男性做事有什么不同之处要有趣得多。"更确切地说，他们并不是针对我们，而是因为他们喜欢这种方式。"她观察到，出版社或电视台的男实习生很早就会与重要的男性人物接触，直接称呼对方"你"而不是"您"，因为他们在空闲时间会与他们一起踢足球，而从同一级别开始职业生涯的女性却从未见过这些重要人物。"随后，男实习生得以晋升，这并不是要让女性吃亏，而是因为重要人物喜欢这些相熟的男实习生——这不一定公平，但完全可以理解，最重要的是这是人之常情。"

这样的现象已经得到研究证实，并被讨论过无数次，由于配比运动（Qutenbewegung），也由于人们意识到混合型的团队运作得更好，劳动力市场上的一些情况已经得到改善。无论如何，杰姬·托马埃感觉在过去的十年里，也就是她和她这一代人到达中年的这段时间里，人们在男女关系方面已经做了很多努力："虽然有时在争论中你会产生这样的印象：我们只是在'MeToo'运动之后才真正开始交流，但这种印象是错误的。一直以来，各地都有平等相处的男性女性。如果更多地把目光放在什么地方正在改变和已经有了改变的问题上，这会很有用。"

她在许多关于种族主义的采访和讨论中也说过类似的话，种族主义是她的小说《兄弟》聚焦的主题。两位主人公各自在不同的地方长大，他们的父亲来自非洲。在关于女性主义和种族主义的争论中，她觉得很少能听到那些反思权力关系并以不同的方式来反对不平等关系的人的故事。"我不相信所谓的好人和坏人，我相信那些不需要社会压力就能尊重同伴的人。"

就她自己来说，她对这个话题的态度与她在中年时观察到的自己的变化有关："我想我之前总是更喜欢取悦于人，但自从我过了四十岁，我有了更多的理解。不仅是因为我变老了，而且还是因为写作。在想要真正了解他人的时候，创作角色是一个很好的练习。"这是她先前无法预见的收获，也是其他作家告诉她的。

在她看来，男女之间的主要区别之一是他们所承受的外部压力。当涉及在工作中坚持自己的观点时，男性相对女性来说，依旧面临着更大的压力。因此，他们害怕自己失去重要性，而年长的男人常常表现出无所不知的样子来弥补这种恐惧。她还观察到男人对专注于自己的问题更加恐惧。

但是，深入研究自己的问题，"完全深入感受它们"，正如杰姬·托马埃在谈到父亲话题时所说的那样，可以让你放下这些问题，尽管这听起来可能很矛盾。

第二次世界大战后不久，《德国基本法》第 3 条第 3 款就已经规定了男女平等原则。那已经是 20 世纪的事了，而这个目标还远未实现。女性可以给男性提供机会，让他们思考真正的平等会是什么样子，她们也可以鼓励他们，思考自我和自己的性别角色。但她们不能替他们去思考。男性必须自己参与到这场辩论中去。

第三部分

明　日

　　一个初夏的夜晚，就在我去法国拜访玛丽·博伊默之前，我看望了一位朋友和她的丈夫。他们刚从法国回来，知道玛丽·博伊默居住的地区，于是给了我一些指示。当时天气很暖和，我们坐在阳台上，我的朋友拿出一种法国苦艾酒，将它与克莱芒起泡酒混合，并在杯沿上放了一串醋栗。我不得不想起在本书前言中提到的我的同事苏珊·梅尔，她告诉我，在傍晚时分偶尔来杯鸡尾酒有一些好处。而且，在中年时期有更多的时间和朋友在一起是很棒的事情。我的这个朋友和我已经认识了几十年，但在我们30多岁和40多岁的时候，也就是研究中被称为"高峰期"的生活阶段，我们能像这样一起度过的夜晚实在是太少了。

　　我很期待这次的行程，并把我要进行的会面和我对这本书的想法告诉了他们俩。

　　我的朋友与我同龄，她的丈夫又比她大了近30岁。对于他刚刚从我这里听到的内容，他表示："也就是说，你在写你这一代人，不过很快就要轮到你们变成现在花白老人的样子了。"

　　我们忍不住笑了，但他很快又严肃起来。与其说他是对我们说的，不如说是对他自己说的，他说："我自然是老了，而且我头发也白了，但我真的就是花白老头该有的样子吗？"

　　他说得对。人们的想法不仅会投射到女性身上，也会投射到男性身上，这也是我在这本书中思考的一件事。刻板印象有助于明确相似处，但并不存在各个方面都符合刻板印象的一个人。

　　我在这里介绍的18位女性也是完全不同的——她们的思想、

生活、对女性身份的构想。然而，她们每个人在中年时期的态度是相似的。因此，这再次证实了我在自己身上观察到的生活态度，这也是这本书的构思来源。这一代人的女性代表——朋克歌手黛比·哈利和作家希莉·哈斯特维特年龄稍大一点，其他女性年龄稍小一点，她们的经历表明，受到岁月惩罚的女性形象已经过时，自我们母亲中年时期以来，社会已经发生了变化。例如，没有一位女性称，她会觉得自己没有存在感。希莉·哈斯特维特虽然注意到男性对她的关注度下降，但她觉得这是一种解脱。

所有女性都无一例外地谈到，与年轻时相比，中年时期的她们更加镇定，并因生活到目前为止一切都很好而感到某种程度的自豪。这些女性中（但肯定还有其他例子），没有人心里仍对自己父母抱有明显的怨恨，她们中的大多数人都主动表达了爱意或至少是理解。总的来说，理解与和解，特别是与自己的和解，构成了她们故事的一个主题。总之，所有的生活经历和斗争也给她们带来了一些东西，可以用一个老套但美好的词来总结：智慧。

例如，演员玛丽·博伊默找到了了解自我和环境的方法——"我感故我在"。作家希莉·哈斯特维特也发现，思想和身体是相互作用的，我们是"有思维的身体"。运动员比尔吉特·费舍尔学会了倾听自己身体的声音，从而甚至推迟了衰老。政治家卡塔琳娜·巴利追求真实性。前家庭主妇安婕·史蒂芬的智慧在于坚持自己的态度，从而忠于本我，而作家杰姬·托马埃的智慧在于她的同理心。所有的这些女性都通过自己的方式成为楷模，即使她们中几乎没有人会这样自称，因为她们每个人都深知自己所经历的斗争。

　　故事的另一个主旋律是对待禁忌话题的自信态度。无论是流产、人工受孕、寂寞、整容、贫穷、不安感还是抛弃与被抛弃。我们可以感受到一种公平性，这种公平性表明，传统的女性形象——全心奉献的母亲、完美无瑕的美女、自我牺牲的全能女性——不再是衡量这一代人的标尺，因为它不会让人们因无法达到这些要求而产生羞耻感；此外还有一系列新的生活模式，代表了一种自信的女性形象——这些模式让女性可以以更开放的态度面对生活的现实问题。

　　例如，这些女性重新定义了家庭生活和恋爱生活：企业家安婕·冯·德维茨的丈夫负责家务。对她们来说，朋友构成了美国作家阿米斯特德·毛平（Armistead Maupin）所说的"逻辑家庭"（logical family），对安婕·史蒂芬和教席教授亨里克·莱内曼也是如此。

　　她们中的一些人经历了失败——卡塔琳娜·巴利在选举中失败，因为输赢是政治的一部分；安婕·史蒂芬和作家伊娃·梅纳塞在家庭生活观念方面经历了失败——并找到了新的途径。一些人受到了伤害，并学会了原谅：伊娃·梅纳塞原谅了她的母亲，杰姬·托马埃原谅了她的父亲，黛比·哈利原谅了她的亲生父母。乔伊·德纳兰和她的丈夫彼此宽恕，这样才能有一个新的开始，但对乔伊·德纳兰来说，宽恕也涉及政治层面。

　　在抽象意义上，我很清楚这些女性的共同点，但在具体的故事中，我却很惊讶：那些如今已进入中年的女性，来自完全不同的时代。她们的童年和青年时期仍然被第二次世界大战、冷战、民主德国或所谓的前联邦共和国打上了深深的烙印，最后还受到柏林墙的倒塌和分裂世界的消失的影响。

此外，她们都在没有互联网的情况下度过了二三十年的生活，那时她们也没有感受到全球化的任何影响。在许多方面，她们都是时代转折的见证者。这样一个明显的前后变化需要她们转变视角，也需要她们成熟——这也是故事的另一个主题。

与此同时，现在已经步入中年的一代人与他们的父母有着完全不同的可能性来反思历史事件对他们生活的突袭，并考虑前几代人的历史及其对自己的影响。如今，在治疗中谈论创伤经历本是理所当然的事，例如在炮火战争中度过的童年时代，例如现在五十多岁的父母大多经历过的那些事。然而，对于大多数父母本身来说，这是难以想象的，因此，他们的一些心理负担只能由他们早已长大成人的子女来处理。理解某些东西会带来解脱，正如杰姬·托马埃在“男人”一章中所说：一个人必须“深入感受”遭遇的痛苦，才能远离它。不把未经加工的经历传达给自己的孩子，同时去感知自己的父母所经历的事情，就会实现理解及和解。

从这个角度来看，中年又有了另一种意义。中间这一代人承担着对下一代人的实际责任，不管是不是他们自己的孩子，同时也承担着对上一代人日益增加的责任，不管是不是他们自己的父母，这些责任都对他们提出了更多的要求。但正如所有的挑战一样，这也提供了一个机会：为大局的成功做出重要贡献。

当然，这本书中的女性或多或少受益于西方的繁荣，因此享有特权。但她们必须在生活中找到自己的位置——对我们当今的女性来说，不存在自动继承的角色。正是因为这一点，我们不会变成像人们刻板印象中白发老人的样子。因为根据老一套，人们从长辈那里继承了自己的角色。正如前家庭主妇安婕·史蒂芬的例子所展现的那样，上一代西方女性所扮演的角色，即资产阶级意义上的家庭主妇，不再为女性提供安全的保障。

安婕·冯·德维茨虽然继承了她父亲的总经理职位，但她知道她不可能像她父亲那样执行这个职务。亨里克·莱内曼是第一位获得她这个职位的女性，没有前人可供参考。护士奥尔佳·施密特一开始是通过非官方渠道来到这个国家的，这里没有为她预留的位置，但她最后为自己找到了一个容身之地。同样，时尚界也没有专门为 25 岁以上的模特儿准备的位置，克劳迪娅·希弗只是继续坚持着，如今她的年龄已经是当初的两倍了，但依然还在自己的位置上。杰姬·托马埃在那个女性被认为没有幽默感的时代，证明了自己是一个喜剧作家。

这是我们追求解放、获取自由的代价：没有来自外部的支持。我们能够拥有的唯一支持来源于我们自己的内心。我们必须学会找到它并信任它。而只有当我们知道我们是谁以及我们想要如何生活时，才能做到这一点。

模仿男人是不可能的，尤其是常见的男性形象给他们本身带来了越来越多的麻烦。女性主义是对适用于所有人的人道价值观的承诺，是对为所有人、为男性和女性创造一个更美好的世界的承诺。父权制结构使女性和男性都受到影响，只有通过改变叙事方式才能消除影响。

在常见的叙事中，女性的幸福与能够随时生孩子，以及尽可能使自己保持像 20 多岁时的样子有关。而本书主要人物所描述的幸福在于从丰富的经历中得出正确的结论。中年时期的女性内心充实，很多时候都是镇定的，在健康的情况下，仍然拥有类似于早年的精力。她们可以构成一个好的社交圈子，对他人和自己都是如此。许多受访者觉得今天的她们是迄今为止最好的自己。因为她们可以体验到，她们从小就知道的一切都在继续——爱情、情欲、性、好奇心、观点、计划、发现。但她们有了更多的智慧和经验为她们指路——现在是最好的生活。

我不得不再次想起阳台上的那个夏夜，想起那句话，我们这些现在正处于中年时期的女人，有一天会看起来像今天所谓的白发老人一样。这种想法真的很有趣，但根据我的经验，除了上面提到的区别之外，即我们不从前人那里接替我们未来的角色，还有另外一个区别：长期以来，我们不一定站在那些凡事都处于弱势的人一边，但至少没有站在那些受到优待的人一边。最晚在 30多岁时，我们中的许多人碰到了所谓的"玻璃天花板"，之后我们中的一些人得到了机会，但有相当多的人不得不非常努力地工作，以便加入通常男性更容易进入的领域。而要在那里保持自己的地位，可能意味着要不断地达到自己能达到的极限——甚至超越极限。

有时，我们得到了参与的机会，只是为了能符合人们的观念。因为在已经进入新千年的时代里，在公众场合看到一个完全由男性组成的团体，至少可以说是很奇怪的一件事。你并不是每次都愿意参与其中，这当然也不是多好的一件事。这是一个权宜之计，不适合某些脱口秀编辑室或机构：邀请女性加入只是为了好看，而不是因为对女性能做出什么样的贡献有真正的兴趣。

当然，我们看穿了这种运作机制。但如何应对呢？不参与，好让真实情况浮现？还是冒着被工具化的风险，去构建一个与自己经历不符的、所谓男女平等的表象？因为如果本来没有你的位置，你就得为自己争取。这可能会有一种羞辱感，也传达了一个信息：男人在哪里，女人——可怜的人——就得在哪里斗争。

而在参与时考虑到失败和羞辱，会让人产生某种力量和自主。人们越来越懂得如何有尊严地承受失败。像活动分子梅拉尔·萨欣这样的女性，尽管成绩很好，却不得不上职业学校，并通过奋斗获得了今天的一切，她散发着巨大的力量，但完全没有傲慢。她给人一种温暖的感觉，因为她经历了很多，看到了很多，所以能理解很多。

应该有其他的方式来实现这种主权，真的，这会是每个人都希望的——包括那些也不得不面临失败的男人们。但是，既然过去是这样，现在也是这样，有一点还是值得欣慰的：我们可以看到这场持久斗争的结果——我们依然屹立不倒。

正因为我知道许多中年女性所经历的羞辱，所以我写这本书的目的是给女性一个讲述自己的空间。无论我去到哪里，我都见证了这种惊人的自主（尽管或者正是因为有许多障碍），这种巨大的经验财富、机智、尊严、创造力、独立自主的意愿。

　　一切都表明，让各地女性平等地参与事务，特别是那些不再那么年轻的女性，只会增强我们所有人的思想财富和力量。同时，年轻人将为担负责任做好准备，并能够从总体上确立自己的合理地位——有了保障才会发展出新才能。当然，也有一些女性，例如女老板，造成了损失，在某些情况下，我们可以为某个职位能被优秀的男性接管而感到高兴。另外，往往正是因为年长的男性在工作环境中提拔年轻的女性，旧的权力关系才得以重现，并在更现代的表象背后继续发挥作用：男性表现出自己更有经验，因此更具优势。

　　但是，只要将个别情况稍稍放到一边，这笔账算起来就很简单了：具有更多经验的女性越多，她们的声音越能被听到，就会带来更多的知识。而一个像我们这样不稳定的世界里，我们不能放弃知识、经验、洞察力和从容。我们需要每个人的经验，而不仅仅是那些处于最高位置的人。

　　"我们所经历的一切对我们的余生都是有用的，也为我们开辟了新的视角"，希莉·哈斯特维特在本书的谈话中说道。经验就是财富，从这个意义上说，我们中的幸运儿都是富人。这样的财富越多越好。

致谢

这本书是通过对话产生的，不只是与本书中出现的人物的对话，我也从其他人那儿获得了各种启发，对此我表示衷心的感谢。

我的经纪人尼娜·西勒姆为所有的一切提供了决定性的推动力，我的编辑卡特琳·索科坚定地采取行动，热心地出谋划策，并参与跟进了每个细节。与她们的合作是一件极大的乐事，也证实了本书的许多观点：当女性团结在一起，当这件事的乐趣成为她们自己和共同行动的基础时，一切都是可能的。我得以与主要人物取得联系——她们都是我之前只了解一点或根本不了解的人——是因为有很多人热心帮忙：约尔格·邦、加琳娜·博什、多琳·德纳兰·布恩、珍·多尔蒂、卢卡斯·杜尔纳格尔、皮亚·杜斯特胡斯、克里斯蒂娜·冯·林登费尔斯、托马斯·曼齐、萨拉·姆罗斯、马库斯·奈格尔、安娜·奥古德欣、尼娜·西勒姆、卡特林·索尔科、阿努斯卡·斯皮尔斯、比尔吉特·韦伯。

由于种种原因，我没有将所有联系到的人都写进书中的章节，但我要感谢那些为我铺平道路、提供建议和其他启发的人：伊娃·布霍恩、安德烈亚斯·西科维茨、比安卡·东布罗瓦、乌特·费斯凯、弗里德里希·盖格、斯蒂芬妮·霍夫曼、蒂娜·库洛、彼得·穆勒、克里斯汀·诺伊豪斯、卡蒂亚·蒂姆、佩特拉·特拉肯纳、阿尔弗雷德·魏因齐尔。